教育部－联合国儿童基金会"学校体育与体育教师培训"项目培训教材
北京教育学院体育学科创新一级平台研究成果
"国培计划"中小学体育骨干教师培训教材

精准·精细
农村中小学体育教师教学能力培训指南

主　编：陈雁飞　　张庆新

北京出版集团
北京教育出版社

图书在版编目（CIP）数据

精准·精细：农村中小学体育教师教学能力培训指南 / 陈雁飞，张庆新主编 . — 北京：北京教育出版社，2020.11

ISBN 978-7-5704-2805-2

Ⅰ.①精… Ⅱ.①陈… ②张… Ⅲ.①农村学校 — 中小学 — 体育教师 — 师资培训 — 研究 — 北京 Ⅳ.① G635.12

中国版本图书馆 CIP 数据核字（2020）第 188976 号

精准·精细
农村中小学体育教师教学能力培训指南
JINGZHUN·JINGXI

陈雁飞　　张庆新　　主编

*

北 京 出 版 集 团　　　　
北 京 教 育 出 版 社　　出　版

（北京北三环中路 6 号）

邮政编码：100120

网址：ｗｗｗ.ｂｐｈ.ｃｏｍ.ｃｎ

北 京 出 版 集 团 总 发 行
新 华 书 店 经 销
廊坊市海玉印刷有限公司印刷

*

787 毫米 ×1092 毫米　16 开本　11 印张　243 千字
2020 年 11 月第 1 版　2020 年 11 月第 1 次印刷
ISBN 978-7-5704-2805-2
定价：35.00 元
如有印装质量问题，由本社负责调换
质量监督电话：010-58572393

编委会

前　言

为贯彻落实《乡村教师支持计划（2015—2020年）》（国办发〔2015〕43号）精神，推动中西部农村教师队伍建设，根据《中国政府与联合国儿童基金会国别方案行动计划（2016—2020年）》精神，教育部与联合国儿童基金会共同启动实施了"学校体育与体育教师培训"项目。在这5年中，项目组深入项目县进行实地调研，制订系统和有针对性的项目实施方案，开展形式多样的培训和指导活动。在项目稳步开展、顺利推进的过程中，项目组专家团队与项目县优秀教师们积累了很多理论新认识、实践新经验、教学新成果。

青少年的健康发展有赖于体育教师的专业能力和整体素质，体育教师肩负着为学生奠定终身体育意识、习惯和能力的重任。2020年4月，中央全面深化改革委员会第十三次会议审议通过《关于深化体教融合促进青少年健康发展的意见》，从宏观层面确立学校体育工作面临的任务和挑战，以及对体育教师工作的更高要求。深化体教融合促进青少年健康发展，要树立健康第一的教育理念，推动青少年文化学习和体育锻炼协调发展，加强学校体育工作，完善青少年体育赛事体系，帮助学生在体育锻炼中享受乐趣、增强体质、健全人格、锻炼意志，培养德智体美劳全面发展的社会主义建设者和接班人。

为了支持中小学体育教师能够更精准地诊断问题，更有效地提升教学能力，同时也为了更深入地梳理与推广运用教育部—联合国儿童基金会"学校体育与体育教师培训"项目的成果，项目组在教育部教师工作司的直接领导下，通过联合国儿童基金会及其合作伙伴西班牙巴塞罗那足球俱乐部的资金和技术支持，由北京教育学院和首都体育学院协调我国相关领域的专家，依托教育部—联合国儿童基金会"学校体育与体育教师培训"项目和"北京教育学院体育学科创新一级平台"，一同研制完成中小学体育与健康教师培训与课程教学指导用书。

《精准·精细——农村中小学体育教师教学能力培训指南》一书的突出特点是把体育教师教学能力培训的理念和方法结合起来，突出实践的操作与运用。体育教师培训及其项目管理都是专门的领域，在操作上有一系列的自身规律可循。本书在厘清农村中小学体育教师教学能力现状的基础上，分析当前提高农村体育教师教学能力的脉络与规律，对农村体育教师教学能力进行分层，按照水平一二三四的表达方式，来区分不同专业发展层次的教师教学能力；构建了农村中小学体育教师教学能力诊断的指标体系，设置不同教学能力类型的体育教师培训目标体系，引导各级各类单位对农村中小学体育教师教学能力进行科学诊断及教师自我诊断；确定不同教学能力类型体育教师培训课程内容体系，为规范和指导、分类分层实施农村中小学体育教师常态培训提供针对性与实效性依据。

本书共分为五章，分别从农村中小学体育教师教学能力精准诊断、培训目标精准定位、培训课程精准研制、培训需求精细调研、培训实施精细指导展开论述。第一至三章均从体育学科理解、运动兴趣激发、运动技能传授、身体健康促进、体育品行强化五个指标入手，形成纵向贯通衔接。其中体育学科理解指标内容主要由陈雁飞、韩金明、赵海平执笔；运动兴趣激发指标内容主要由李健、姜宇航、饶子龙执笔；运动技能传授指标内容主要由潘建芬、周志勇、胡峰光、史红亮执笔；身体健康促进指标内容主要由韩兵、黄春秀、杨帆执笔；体育品行强化指标内容主要由张庆新、张锋周、韩金明、韩金妍、袁立新执笔。第四章培训需求精细调研内容，云南弥勒调研报告主要由史红亮、张庆新、程驰、武杰、孙卫华、韩月仓、杨金泳等执笔；广西忻城调研报告主要由张锋周、张庆新、马敬衣、尤军、郭书华、孙科、顾大成、李长炳、余凌云等执笔；贵州盘州调研报告主要由姜宇航、梁吉涛、谢娟、杨帆、宋忠志等执笔；辽宁本溪调研报告主要由韩金明、陈建勤、郭玉东、殷剑明、张跃宗、陈喜田等执笔；重庆忠县调研报告主要由陆卫平、燕凌、刘沛、范春明等执笔；山东曲阜调研报告主要由陆卫平、杜俊娟、刘沛、刘笙等执笔。第五章培训实施精细指导内容主要由陈雁飞、张庆新、陆卫平、刘沛、张锋周、史红亮、韩金明、姜宇航等执笔。全书由陈雁飞、张庆新统稿。

本书在使用过程中，可用于诊断（反思）与规划、培养与培训、评估与管理等方面，也可用于对中小学体育教师教学行为规范与自我发展指导、中小学体育教学质量与教师培训指导。本书内容对体育教师的县级培训、校本教研管理工作而言具有较强的实用性、操作性、示范性和指导性，在实际运用中还可以结合不同类型的体育教师教研训项目不断完善和丰富。但要注意的是，本书中的分层分类是重要的参考依据，而不是绝对的，在实践和使用过程中，要因地制宜、因人而异，更精准地促进中小学体育教师专业发展。

本书在构思和设计、研制和行文中得到了教育部教师工作司、教育部体育卫生与艺术教育司、联合国儿童基金会教育项目专家郭晓平博士与教育项目官员王超女士，以及北京教育学院各级领导的大力支持与高度重视，得到了北京市与云南弥勒、广西忻城、贵州盘州、辽宁本溪、重庆忠县、山东曲阜六个项目县一线优秀体育教师的大力配合与资源共享，在此特表谢忱！受编者经验和能力限制，本书尚有不成熟甚至不恰当之处，有些内容还需要经过实践的检验，恳请各位读者、专家能不吝赐教、批评指正，将本书进一步完善和提高。

教育部—联合国儿童基金会
"学校体育与体育教师培训"项目组
2020 年于北京

目 录

第一章 农村中小学体育教师教学能力精准诊断

体育教师作为体育课程教学改革的主力军和学生体质健康促进的责任人，作为保证学生能够得到最基本体育教育的中坚力量，必须具备本专业所要求的专业能力。体育教师的教学能力作为体现体育教师专业特质的一项专业能力，是从事体育教育活动所必需的专门能力，是落实《义务教育体育与健康课程标准》的综合能力，是达成学科整体理解、运动兴趣激发、运动技能传授、身体健康促进、体育品行强化的专业能力。基于诊断视角来看体育教师的教学能力，能够让体育教师明确自己在体育课堂教学和不同的发展阶段应该"做什么、怎么做、怎么发展"，最大限度地激活体育教师教育教学的实践与创新潜能。结合国内外教学能力与教师专业发展的文献，从行为观察以及缩小新课程与实际课堂的研究视角，本书将体育教师的教学能力水平区分为困教、能教、会教和精教四级专业水平。

一、体育教学能力分层的政策法规依据

2011 年教育部颁布的《中小学教师专业标准》，是国家对幼儿园、小学和中学合格教师专业素质的基本要求，是教师实施教育教学行为的基本规范，是引领教师专业发展的基本准则，是教师培养、准入、培训、考核等工作的重要依据。其中对教师的专业能力作出明确的规定，就教师专业发展的教育教学设计、组织与实施、激励与评价等方面提出了基本要求，这是中小学体育教师开展教育教学活动的基本规范，为体育教师教学能力标准提供了顶层政策依据。

2014 年教育部启动了中小学幼儿园教师培训课程标准研制工作，明确指出："研制教师培训课程标准，旨在规范和指导各地分类、分科、分层实施五年一周期的教师全员培训。引导各地对教师教育教学能力进行科学诊断，设置针对性培训课程，确保按需施训。促进各地按照教师专业成长规律，系统设计培训课程内容，持续提升教师专业能力与整体素质。"其中学科教学中的 "能力诊断"，就要求在对教师教育教学行为表现系统分析的基础上，提出教育教学能力水平诊断指标，旨在为各地有效把握教师培训需求提供依据。这为体育教师教学能力分层提供了实证依据。

二、体育教学能力分层的理论依据

国内外学者对教师教学能力这一问题有着长期而丰富的研究。国内学者对教师教学标准和教师教学能力标准做了相关深入研究，相关体育学者对体育教师教学标准和体育教学

能力标准也做了相关深入研究，这些研究及课程与教学理论均是体育教师能力分层的重要理论基础。

根据新课程改革的理念，结合 2012 年出版的《中小学教师专业发展标准及指导（体育）》，体育教师专业发展从专业基础和专业实践两个维度，强调了体育教师的素养、基础、静态素质和实践活动、实践能力、动态素质。在标准的层次上，体现了分阶段的特点，提出了体育教师专业发展六阶段论，即从新手教师到合格教师的适应期、从合格教师到熟练教师的熟练期、从熟练教师到成熟教师的成熟期、从成熟教师到骨干教师的发展期、从骨干教师到专家教师的创造前期、从专家教师到教育家的创造后期，每个阶段有不同的发展特点与发展任务。这是规范和衡量体育教师专业发展活动的准则，也是体育教师任职后应该达到的标准，可以用于体育教师专业发展的诊断（反思）与规划、培养与培训、评估与管理等方面，对体育教师的专业标准、专业能力、教学活动提供了理论依据，为体育教师教学能力诊断和分层提供了研究理论基础。

三、体育教学能力分层的实践思考

在各类体育教师教育实践中，通过对中小学体育教师进行课堂教学观察，以及对体育教师群体特征开展调研发现，体育教师的教学能力和专业发展一样，是一个循序渐进、不断深入的过程，体育教师在较短时间内达到专业成熟是不可能的，不同发展阶段的体育教师存在着不同的专业发展问题和需求（见表 1–1）。

表 1–1 体育教师不同专业发展阶段的实践特点

序 号	发展阶段	专业发展侧重点和表现
1	适应期	学会分析教材，能正确把握不同年级教材内容；初步掌握教学设计基本过程，能独立撰写教学设计；体验有效的体育教学实施技能，形成必要的体育教学常规技能。
2	熟练期	会分析教材内容体系，能正确把握教材所反映出来的技能体系和呈现逻辑；了解学生体育学习一般特点和规律，了解研究学生的基本方法；掌握必要的促进学生学习和发展的基本技能，进一步发展体育教学能力、增长体育教学经验。
3	成熟期	能把握体育知识体系和思想方法，提升对体育学科的整体把握，具备研究学生、解决教育教学问题的能力，对自己的教育教学进行反思和初步研究。
4	发展期	能开展教育研究实验，总结反思教学，对自己的教学风格开始进行梳理，并理解体育学科的本质和思想。
5	创造期	能深刻理解体育学科本质，总结教学思想和特色，全面提高体育教学改革能力、教育科研和发表能力及示范引领能力。

同样，体育教师在较短时间内达到教学能力成熟是不可能的，不同教学能力水平的教师，在不同阶段的教学能力存在差异（见表 1–2）。体育教师能力分层，可以体现出不同

阶段体育教师的培训需求，引导体育教师有意识地朝着专业成熟方向持续前进，并能为下一阶段的专业发展奠定良好的基础。

表1-2　不同教学能力层级体育教师的教学能力体现

层级	教学能力体现
水平一 困教	基本上不会制订教学计划；基本不了解体育教学课堂规范和课堂教学结构；基本不能正确进行教学内容的讲解与示范；基本不了解主要运动项目的教学过程与方法；基本不了解学生在体育课堂中的表现与问题；基本不能控制体育课堂；基本不能防止教学中发生突发事件……
水平二 能教	能制订基本规范的教学计划；基本了解体育教学课堂规范和课堂教学结构；能进行教学内容的讲解与示范；基本了解主要运动项目的教学过程与方法；不太了解学生在体育课堂中的表现与问题；基本能较好地控制体育课堂；基本能防止教学中发生突发事件……
水平三 会教	能制订要素齐全、内容具体的教学计划；准确把握体育教学课堂规范和课堂教学结构；有效进行教学内容的讲解与示范；理解主要运动项目的教学过程与方法运用；开始关注学生在体育课堂中的表现与问题；很好地控制驾驭体育课堂；有效防止教学突发事件……
水平四 精教	教学计划把握全面、设计精准；高效进行教学内容的讲解与示范；创新主要运动项目的教学过程与方法运用；时刻关注学生在体育课堂中的表现与问题；轻松自如控制驾驭体育课堂；有效防止和应变处理教学突发事件……

四、体育教学能力分层的内在逻辑分析

体育教师的教学能力状况是衡量体育教师教学水平的首要标准。体育教师的教育教学是一个持续的过程，往往分为多个阶段，且在不同的阶段有不同的教学行为、教学困难、发展需求和发展任务。根据体育教师的实际情况，从教学有困难到知道怎么教、能模仿教，到能独立熟练完成教学任务，到能用"法"教准、教细、教妙，经历一个"困教——能教——会教——精教"的教学能力提升和发展路径，充分体现出体育教师教学能力的发展性（见表1-3）。

表1-3　体育教师四级教学能力表述

层级	特点	级差表述
水平一 困教	从无到有	体育教学在目标达成、教学规范上有背离，教学有一定困难，需要经过培训才能扭转行为。
水平二 能教	从有到多	知道怎么教，具备基本的体育教学能力，教学做到规范。
水平三 会教	从多到优	能结合学生特点和实际情况灵活运用教法，关注学生学法，使教学有效。
水平四 精教	从优到特	能把握体育学科知识体系和思想方法进行教学，教得深、教得透、教得巧，教学从有效、优质走向独特。

五、体育教学能力分层诊断的维度

表1-4 体育教师教学能力分层诊断的三级维度

一级指标	二级指标	三级指标
体育学科理解	1.课程理念导向	（1）课程标准内容与课堂解读
		（2）课程理念学习与准确落实
		（3）学法指导定位与有效实施
	2.教学理念贯彻	（4）教学设计范式与教案撰写
		（5）课堂常规范畴与完整呈现
		（6）课堂观察技巧与教法优化
		（7）课堂教学组织与灵活驾驭
		（8）教学创新方法与合理运用
		（9）课堂评价过程与能力培养
运动兴趣激发	3.运动兴趣关注	（10）运动兴趣基本要素
	4.激发手段选用	（11）教学方法手段措施
	5.习惯培养调控	（12）习惯形成与培养
运动技能传授	6.学习目标落实	（13）学习目标的要素
		（14）学习目标的范式
		（15）学习目标的达成
	7.教学内容选用	（16）把握教学内容
		（17）教学内容选配与安排
		（18）抓住项目特点选用
		（19）教学内容创新
	8.教学方法选创	（20）认识教学方法
		（21）教学方法选用
		（22）教学方法创新
	9.技能学习的组织管理	（23）组织管理的基本内容
		（24）组织管理的实操
		（25）组织管理的分析
		（26）组织管理问题指导
	10.学生学习的关注指导	（27）了解学情
		（28）学生观察与诊断
		（29）学生研究
	11.教学评价反馈	（30）教学评价基本要因
		（31）各类教学评价的运用
		（32）教学评价反馈

续表

一级指标	二级指标	三级指标
身体健康促进	12. 学生体能发展	（33）与体能相关的知识
		（34）体能锻炼的科学基础
		（35）体能锻炼的方法手段
		（36）体育教学中的体能练习
	13. 运动负荷监控	（37）运动负荷的相关知识
		（38）预设合理的运动负荷
		（39）运动负荷评价与调控
	14. 锻炼安全防护	（40）正确认识体育锻炼安全
		（41）提供体育锻炼安全保障
		（42）处理体育锻炼安全事故
		（43）开展体育锻炼安全教育
	15. 健康教育开展	（44）健康教育专业知识储备
		（45）健康教育教学能力强化
		（46）健康教育行为培养拓展
体育品行强化	16. 教育因素关联	（47）教育因素的挖掘与分析
		（48）情感目标的呈现与厘清
		（49）教育活动的设计与组合
	17. 学生品行关注	（50）学生体育品行的特征与观察
		（51）学生体育品行的反应与判断
		（52）学生体育品行的干预与措施
	18. 课堂教学融合	（53）融合情境的创设
		（54）教育时机的捕捉
		（55）教学方法的把握

　　由此可见，体育教师的教学能力，应该分层描述和诊断，以体现不同阶段的不同要求，然后通过递进式培训、自主学习与实践等，帮助体育教师从低一级的教学能力发展阶段提升到高一级发展阶段。体育教师在诊断自身教育教学、制订专业发展规划、进行实践反思的过程中，借此将起到很好的指导作用。

第一节 体育学科理解指标教学能力诊断

一、课程理念导向

【能力表现】

表 1-5 "课程理念导向"不同水平能力表现对照表

阶段	具体能力表现
水平一	对体育课程基本理念的具体内容与要求的认知模糊；在教学设计文本"指导思想"要素中写有坚持"健康第一"的指导思想等描述；教学中没有明确的体育课程基本理念贯彻落实的教学行为，如班级内有特殊学生，未能及时给予关注和特殊指导；在教学中仅按照自己对课程的理解进行教学，没有把握课程的基本理念。

续表

阶段	具体能力表现
水平二	在教学设计文本诸多要素中有"健康第一""激发兴趣""关注差异"等核心概念的具体呈现；教学中有采用游戏、竞赛等手段激发学生学习兴趣的具体教学环节；在教学过程中，发现学生有危险动作，及时提醒学生注意安全，并采取有效防范措施，减少运动伤害事故的发生；遇到完成动作有困难的学生采取有针对性的指导和特殊练习手段等。
水平三	"健康第一"的基本理念在教学中得到有效的落实；在学生听讲解、看示范和练习之前，讲解有关听讲法、观察法和练习法等的具体要求；比较注重课堂观察，在学习过程中发现学生有好的学法，能够及时改进教学；在整个教学过程中注重精讲多练，让学生有更多的时间进行运动技能的练习和身体素质的锻炼等。
水平四	教学设计文本中的理念呈现能很好地通过课堂教学中的内容和方法得到贯彻与落实；教学过程中言行规范、举止文明、着装得体，用词准确、示范到位，注重学生全面发展的教育；体育课上出现的任何突发事件都能及时做出准确的判断与正确的处理，并不失时机地对学生进行正向引导；课堂上充分调动学生学习的积极性和主动性，营造互帮互学的学习氛围；从建立合作意识和团队精神的角度，组织学生进行多种方式的学习和锻炼活动。

【诊断要点】

1. 体育课程理念的呈现。

2. 体育课程理念的落实。

【诊断方法举例】

请列举体育课程理念呈现的表现，对于单元教学或课时教学，分别从课程性质、课程理念、课程内容、课程目标等方面在教学中的体现要点与形式，通过教师访谈、文本资料、体育课堂教学实施，检验有效体育课程基本理念的理解与灵活应用。

二、教学理念贯彻

【能力表现】

表 1-6　"教学理念贯彻"不同水平能力表现对照表

阶段	具体能力表现
水平一	上课有教案，但学习目标大而空不具体，重难点混淆；在教学内容的选择上随意性大，有不符合课程性质的内容呈现在课堂上，如准备活动选用眼保健操；课堂常规履行不全，如不安排见习生、不检查服装等；课堂缺少组织或完全无组织的放羊式教学；口令不准确，学生不认真观察或练习，或练习中的偷懒现象屡次发生等。
水平二	上课前完成规范的教案撰写；课堂教学按照教案上的内容一一落实，但未能根据课堂上学生的实际情况及时调整教学内容与方式方法；课堂有组织且纪律严明，但缺乏灵活性，学生未能有一定自主性地学习；教师有正确的讲解、准确的示范，缺乏学法指导，导致学生不会学习，如篮球示范中不引导学生正确的观察，学生难以观察到教师的完整示范动作，而仅仅观察教师是否将篮球投进篮筐；课堂安排有学生展示，但目的不够明确，有展示过于频繁影响学生练习的现象；课堂组织学生进行自评或互评，缺少对评价标准的引导，学生不知如何评价或评价错误的现象时有发生。

阶段	具体能力表现
水平三	体育课教案中的学习目标维度准确、表述具体，便于评价；重难点的表述无混淆且准确；无论是讲解、示范环节，还是学生练习环节，都能听到具体的学法指导语言，学生按照指导语能做出正确的反应，配合教师积极地学习；学生分组练习，组别大小适中，学生等待练习的时间短，对练习密度不产生明显的不利影响；场地器材的布置合理，无安全隐患或安全隐患小，且同一器材达到了反复利用的使用效果；课堂展示与评价整合开展，即在展示过程中进行评价，在评价环节安排展示，节省时间、提高效率。
水平四	体育教学内容在课标中能找到具体要求，在教材中有具体的呈现位置；教学方法的选用是从教材特点、学生的实际出发，提高学生学习运动技术的速度；教学手段的选用灵活多样且新颖，从学生的表情中能感受到各种练习手段给他们带来的快乐体验；整个教学过程中做到认真观察学生的学习、聆听学生在学习中提出的各种要求，能够及时做出判断和恰当处理；在对自主、合作、探究学习方式的引入上，教师对学生的学习有明确的要求，注重学生学习过程中的观察，及时消除学习方式运用上的不当现象，注重学生各种学习能力的培养；及时发现学生在学习过程中的不良行为，准确判断并及时纠正，注重对学生身心健康发展的教育和引导。

【诊断要点】

1. 教学设计范式与教案撰写。

2. 课堂常规范畴与呈现。

3. 学法指导与有效教法。

4. 课堂教学组织与驾驭。

5. 课堂评价方式与效果。

【诊断方法举例】

请列举课堂评价方式与效果的表现，对于一节体育课，从教材内容特征的把控性，评价标准的可测性，评价过程的有效性，评价时机的恰当性，采用教师评价、学生自评、学生互评等评价形式的真实性，观察体育课中实施评价效果是否显著。

第二节　运动兴趣激发指标教学能力诊断

一、运动兴趣关注

【能力表现】

表 1—7　"运动兴趣关注"不同水平能力表现对照表

阶段	具体能力表现
水平一	有激发学生运动兴趣的想法，但激发学生兴趣的手段不明确；教学设计没有关注到学生的学习兴趣和需求，无具体的、针对性的指导方法，课堂气氛沉闷，学生学习积极性不高；评价方式单一，不能有效激发学生的学习兴趣。

续表

阶段	具体能力表现
水平二	教学设计关注学生的兴趣，通过观察学生活动时的注意力、参与活动的积极性、生理负荷等，判断学生的运动兴趣；能观察到学生学习的兴趣，停留在备课设计环节；教学中激发兴趣的教学手段单一，且以单向评价为主，欠缺实效性。
水平三	课前备课过程对学生运动兴趣主动关注，在课堂教学观察的基础上，通过问卷、访谈等方法，了解学生体育学习兴趣，并适时调整教学方法与教学内容；通过学生自评互评、教师评价等多种方式激发学生学习兴趣；针对体育教学内容特点，使学生持续保持运动兴趣，调整学生兴趣状态。
水平四	根据学生年龄特点、运动基础、参与体育学习的外在表现，使学生的兴趣在整节课得到保持并延伸到课外；关注学生的兴趣点，有意识保护学生运动参与和运动兴趣；满足不同类型学生的需求，根据学生运动技能的强弱进行分层教学。

【诊断要点】

1. 按照教学结构和教学流程组织教学活动。

2. 针对教学内容特点选择多样的教学方法。

3. 结合教学的重点和难点选用多种方法激发兴趣。

【诊断方法举例】

水平二教师能够按照预先的教学设计完成上课的过程，但不能针对情境灵活地选择教学方法；在激发学生学习兴趣方面，不能针对教学重难点灵活采取有效手段解决教学问题。

二、激发手段选用

【能力表现】

表 1-8　"激发手段选用"不同水平能力表现对照表

阶段	具体能力表现
水平一	激发学习兴趣方法的运用处于模仿阶段，按照教学结构、教学流程组织教学活动；运用讲解法、示范法等激发学生的运动兴趣，讲解语言单调、示范不优美，不能激发学生的运动欲望。
水平二	教学设计中选择激发学生运动兴趣的手段单一；参考教材已有的教学方法进行教学，灵活性不足；能运用激发性的语言，如"真棒""加油"等，但比较笼统，缺乏基于项目特点的评价性语言。
水平三	根据教学内容、学情、场地器材以及教学的重难点，选用激发兴趣的多种手段；选择激发学生兴趣的方法不仅限于教材，通过对运动负荷和课堂气氛的调控激发学生的运动兴趣；在课堂教学中运用比赛法、分组教学法等解决问题，但缺乏针对性，不能高度关注学生体育学习的表现，不能敏锐地捕捉体育课堂教学关键问题。
水平四	课堂教学中根据教学内容、教学目标、学生状况，结合自己的教学经验创造性运用游戏法、竞赛法、展示法等，使学生保持持续的运动兴趣；语言运用富有感染力、亲和性、启发性；对教学方法运用的规律、学法与学习效果之间的关系把握精准、到位。

【诊断要点】

1.运用不同的教学方法激发学生的运动兴趣。

2.运用不同的教学方法并采用不同的方式，持续激发学生的运动兴趣。

【诊断方法举例】

水平三教师能够结合教学实际，运用灵活的教学方法激发学生的运动兴趣，并能在不同的情境中，采用不同的方式，持续激发学生的运动兴趣。

三、习惯培养调控

【能力表现】

表 1-9 "习惯培养调控"不同水平能力表现对照表

阶段	具体能力表现
水平一	了解体育课堂教学常规对学生体育锻炼的习惯培养的价值；对课堂常规的示范性欠缺，没有起到有效的示范作用；不能持续规范体育课堂常规，没有使学生形成良好的体育锻炼习惯。
水平二	在教学设计中，关注体育课堂教学常规，有意识规范并按常规要求帮助学生养成良好的体育锻炼习惯；在教学运用中针对培养学生习惯的方法单一；学生在学习过程中出现的问题，缺乏针对的干预手段与措施。
水平三	关注学生养成体育课堂常规与锻炼习惯；结合运动项目特性运用多种方法，引导学生形成锻炼的意识；对运动项目的特性理解不深刻，精准度不足，如体操只关注开始姿势、结束姿势以及基本姿态，足球强调规则、安全等习惯的养成。
水平四	关注学生自我锻炼习惯的养成，帮助学生了解运动项目、形成运动技能、培养运动爱好，促成自我习惯形成的意识与能力；依据学生锻炼情况，帮助学生诊断运动强度，制定运动处方，形成安全的锻炼习惯。

【诊断要点】

1.运用多样的评价方式，帮助学生养成良好的运动习惯。

2.结合运动项目的特点，通过运动中的规则帮助学生养成良好的体育品行。

【诊断方法举例】

水平四教师能根据教学情境以及运动项目的特点、规律，纠正学生的不良习惯，帮助学生形成良好的学习行为、锻炼行为,注重培养学生的学习能力,注重学生体育品行的培养。

第三节 运动技能传授指标教学能力诊断

一、学习目标落实

【能力表现】

表 1-10 "学习目标落实"不同水平能力表现对照表

阶段	具体能力表现
水平一	由于对技术动作的理解模糊，对技能目标或技能形成规律不理解，脑子里没有技能目标这一条线，即使在教学设计中能套上呈现出来，也会将技能目标与认知目标混淆，不知道怎么用教学方式去落实学习目标。
水平二	根据教材预设适宜的、连续发展的目标，能避免目标设定过大、过难或过于简单；能对目标的落实进行单纯模仿或细微改动，不能很好地根据学生实际情况去改变，容易落空；目标设定有对学生目标达成的简单判断。
水平三	根据教材内容和学生特点，通过"条件"、"行为"和"标准"三要素预设学习目标；注意根据学生水平和教材内容的递进去设置目标，且在教学中会根据学生情况调整内容和形式，以达成学习目标。
水平四	技能学习目标三要素的呈现和落实有教学场景、选择性和学生努力因素，可通过目视、实践等方法监测目标达成；有参考多方面素材设定目标的意识，会与其他教材穿插；会跳出当前水平看可预期的长远目标；会在目标落实判断的基础上及时调整教学。

【诊断要点】

1. 学习目标制定合理、具体、明确。

2. 学习目标的落实、达成和监测。

【诊断方法举例】

水平二教师在制定技能目标时，有的教师目标制定过大，如学习短跑技术，具体实施中难以操作和检测，不符合教学规律，学习目标就容易落空。

二、教学内容选用

【能力表现】

表 1-11 "教学内容选用"不同水平能力表现对照表

阶段	具体能力表现
水平一	自身没有技能，或不熟悉教材内容和运动技术动作，对学生应该学习的内容模糊，按教材内容模仿他人上课；教学内容选用比较随意，无计划、无目的；根据教材、教学进度选定的内容不符合教学实际，如不符合季节气候特点。

续表

阶段	具体能力表现
水平二	能根据教材和实际情况选择教学内容，但缺乏前期学情了解，内容选用与学生实际掌握情况不匹配；会教自身专项的教学内容，不会教专业以外的教学内容；按教材结构顺序安排教学内容，根据学情和班情安排教学容量，会考虑教学内容的搭配问题，而教学内容在单元、课次中的递进不清晰。
水平三	根据课标和实际情况选用教学内容，内容选配兼顾项目特点和学生锻炼全面性，考虑单元教学之间内容的衔接和系统，考虑学生对运动项目的知识、技术、战术的一致性，且内容不局限于教材本身，有一些内容元素的变化和创新。
水平四	教学内容选用兼顾项目特性和教学系统性，兼顾学理性和趣味性，对教材、项目特点和学生学习规律相结合方面有了体现；根据区域性和课改方向，教学内容融合生活、趣味元素，如在武术学习后的放松环节加入五禽戏内容；根据学校特点和学生已有知识技能基础，选择传统项目和优势项目的教学内容。

【诊断要点】

1. 教学内容选配的合理性、灵活性、科学性和多元化。

2. 内容与学生实际情况匹配，能对内容及时分层或做调整。

【诊断方法举例】

水平四教师选配内容不局限于教材，内容有元素变化和创新，根据所在区域的特性、学校特点、课改方向进行调整，教学内容融合生活、大自然元素，如武术课中在放松环节加入五禽戏。

三、教学方法选创

【能力表现】

表1-12 "教学方法选创"不同水平能力表现对照表

阶段	具体能力表现
水平一	不会使用教学方法，单纯模仿他人；教学中没有动作示范或示范错误，不会讲解或讲解错误；教学方法的使用不适合技能教学要求，没有考虑教学方法运用的效果。
水平二	教学方法呈现多样，根据教材内容可以选用教参上多数的教学方法，如按教材上课能讲清楚动作，但照本宣讲，缺少提炼，动作的顺序和关键环节讲不到位；不会自己专项以外的教学方法。
水平三	参考教科书和教学内容全面使用教学方法，且逐步丰富有效，如示范准确、及时到位，且有多种示范面结合；方法关注运动技能形成规律，适当融入专业训练的方法，出现问题有好的教学方法解决，如口诀式、比喻式、配合图解等；所选创的教学方法有助于突破教学重难点，达成教学目标。
水平四	根据教材内容选择适切的教学方法，如球类项目使用领会教学法、体操教材使用保护与帮助法等；依据学生年龄特点、技能要求选创教学法，如低年级融入情境唱游、中年级比赛型游戏、高年级"小群体教学法"；不单纯迷信常用教学方法，在关注学生学习过程中挖掘教科书外的创新点；头脑中有多种教学方法，当学生技能学习出现问题时，能及时灵活调控；根据体育教学发展趋势和倡导理念，开展探究性、合作性学习；有自我检验教学方法有效性的意识、方法和跟进措施。

【诊断要点】

1. 技能教学方法的针对性。

2. 技能教学方法的实效性。

3. 技能教学方法的多元化。

4. 技能教学方法的独创性。

【诊断方法举例】

水平四教师能熟练掌握各类教学方法，不单纯迷信常用的教学方法，能创新教科书没有的教法；脑子里有多种方法，当学生有问题出现时，及时给予有效的方法；有自我检验方法有效性的意识、方法和跟进措施。

四、技能学习的组织管理

【能力表现】

表 1-13 "技能学习的组织管理"不同水平能力表现对照表

阶段	具体能力表现
水平一	不理解也不重视技能学习中的组织管理，以省事为主，经常出现"放羊"或"乱堂"现象；用常规的方法套用在技能学习的组织管理中，不会根据技能学习内容和要求，采用适切的组织管理；对安全性的考虑不够；队伍的调动混乱、随意，没有计划，经常临时变动，不会用口令或口令使用较简单。
水平二	知道技能学习中组织管理的重要性，教学中往往只重视学生的练习，而不重视常规的管理养成；课前没有做好技术教学与练习的场地、空间和队形的规划，讲解示范时的组织管理耽误过多时间，且影响学生技能学习的效果。
水平三	重视技能学习的组织设计和实施，做到严密不松散，如调动队伍、分组练习在课前有预设，组织方式有利于增加学生练习的次数；学生技能学习时的队伍调动和站位，在教师的视野范围内，便于观察每个学生的具体情况；利用和发挥小组长、体育骨干的带动作用教授运动技能。
水平四	优化技能学习的组织管理过程，考虑队伍调动的精准度，根据教学内容和学生实际情况灵活运用；组织管理的形式、发出的指令，学生能够迅速理解和执行；根据学生和场地器材情况采取分组轮换或分组不轮换的组织管理措施；发挥学生干部的作用，示范、协助解释教师动作要求，以达成教学目的。

【诊断要点】

1. 技能学习的合理和严密。

2. 技能学习的管理和规范。

3. 技能学习中小干部培养和场地器材利用。

【诊断方法举例】

水平一教师在技能学习组织中，有省事意识，不能合理运用语言调动学生积极性；课前没有考虑具体队形，安排较为随意；课前没有准备好场地器材，上课现拿，对安全性考虑不够。

五、学生学习的关注指导

【能力表现】

表1-14 "学生学习的关注指导"不同水平能力表现对照表

阶段	具体能力表现
水平一	教学中顾及教学流程，难以关注学生在运动技能学习中出现的问题，对教学中出现的问题束手无策或解决方法不对，关注点停留在学生听没听、练没练和动没动上。
水平二	根据教材提供的易犯错误，在教学中有一些内容或形式上的纠正；在运动技能学习中出现的普遍问题，有口头提示，没有具体解决方法指导；对学生的关注点放在学生的练与教师的教的一致性上，缺乏多角度、多视野关注学生。
水平三	课前对学生的易犯错误有预案，在备课中有设想；课中可以观察到易犯错误之外的其他错误动作和生成性问题，在技能学习中采取办法纠正；根据不同项目和学生特点进行学习过程关注，关注学生技能掌握的效果，给予即时性的语言提示和学法指导。
水平四	结合不同水平学生技能学习规律，捕捉学生在运动技能学习中出现的问题，得心应手给予学法指导；关注学生技能掌握情况，迅速对学生技能掌握水平分出层次，分层教学解决问题；通过对学生脸色与行为举止、同伴之间交流的判断，诊断技能学习出现问题的原因和有待改进提高的方面。

【诊断要点】

1. 关注学生练习效果。

2. 能够诊断出下节课提高改进的问题。

3. 能够提出具体的指导与纠正，有分层教学的意识。

【诊断方法举例】

水平二教师关注点往往放在学生的练与教师的教的一致性上，当学生出现问题的时候能笼统提出，但不能给予及时有效指导，学生没有在教师多角度的视野范围之内。

六、教学评价反馈

【能力表现】

表 1-15 "教学评价反馈"不同水平能力表现对照表

阶段	具体能力表现
水平一	评价设计没有运动知识与技能的掌握，教学中语言评价简单，如"好""不对"；没有对技能学习的具体讲评和小结，简单从量化指标进行评价；以教师主观标准的动作好坏对学生进行评价。
水平二	按照现有参考标准，制定和使用技能评价标准；对学生语言的激励评价不够，更多是让学生模仿和完成动作；可以说出学生技战术掌握的优缺点，找出问题，给予评价反馈，主观判断和模棱两可的评价居多，同时时机掌握不好；对学生反馈不够及时或来不及反馈。
水平三	对运动技能有清晰的评价标准和要求，并在教学中及时点评指导，提出解决办法；能灵活运用各种节奏媒体（哨、掌声、口号等）和身体姿态动作，对学生表扬、提醒，批评恰到好处；运用激励性评价、诊断性评价，给学生及时、真实、明确的学习反馈信息。
水平四	根据运动技能制定精细的教学评价标准，并在教学过程中更加注重运用，根据不同学生技能掌握情况，进行动作区别对待、分层评价或口诀提炼评价；从学生发展的眼光进行技能评价，依据教学评价标准引导学生进行自我评价、生生互评和师生评价；根据学生特点和性格等诸多因素采取适切的反馈形式，通过反馈延续学生技能学习的积极性。

【诊断要点】

1. 技能学习的评价方式、评价时机、评价实效。

2. 从学生发展的眼光进行技能评价。

【诊断方法举例】

水平二教师进行技能教学评价时，评价的时机掌握不好，反馈及时性不够；评价方法相对单一，按照现有标准制定和使用评价标准；没有有效的反馈给学生的方法。

第四节 身体健康促进指标教学能力诊断

一、学生体能发展

【能力表现】

表 1-16 "学生体能发展"不同水平能力表现对照表

阶段	具体能力表现
水平一	了解发展体能的基本原则和方法，对中小学主要运动项目的体能锻炼价值有初步认识；教学中安排练习内容较为随意，练习方法和形式比较单一；与学生交流较少，练习反馈获取不及时。

续表

阶段	具体能力表现
水平二	了解中小学生发展耐力、力量、速度等体能素质的常用方法；能够根据发展素质的教学目标，采用集中练习、分组练习等方式组织体能练习或游戏；对特殊个体的关注和指导不足。
水平三	清楚中小学主要运动项目的体能锻炼价值，掌握较为丰富的体能锻炼方法，并根据中小学生的身体条件差异，制定分层次的体能锻炼目标；结合技能教学内容搭配体能练习内容；经常利用竞赛等形式调动学生的参与积极性，注重锻炼的实效性。
水平四	熟悉体能锻炼基本原则，在学年、学期、单元、课时教学计划中系统安排体能发展目标；根据教学环境和学生特点，如薄弱环节或体能发展敏感期等，安排针对性练习内容和学生乐于参与的体能练习方法；在课外利用运动处方等拓展体能练习。

【诊断要点】

1.掌握和运用体能知识原理。

2.发展体能的练习手段和方法。

3.评价学生体能的内容和标准。

【诊断方法举例】

教师展示 3 ～ 4 种发展学生体能素质（力量、速度、耐力、灵敏、柔韧等）的练习方法或体能游戏。

二、运动负荷监控

【能力表现】

表 1-17 "运动负荷监控"不同水平能力表现对照表

阶段	具体能力表现
水平一	对运动负荷的内涵认识不够深入，在教学设计时对运动强度和练习密度考虑较少；受限于教学经验等，教学中对学生运动负荷反应的观察、测试不多，调整运动负荷的能力有待提升。
水平二	利用心率曲线等对负荷强度进行预设，但往往形式大于实际；教学过程中会注意观察多数学生的锻炼情况，但对特殊个体的关注较少；执行教学预设中安排的练习次数和强度，调控方法和手段简单。
水平三	针对学生特点，结合自身教学经验，综合考虑课的类型、教材内容等因素，安排较为适宜的运动强度和练习时间；根据人体运动过程基本规律，较为妥善地安排开始、准备、基本和结束部分的运动负荷，并通过课堂观察和心率测量等主动了解学生反应和适应程度。
水平四	清晰主要运动项目技术教学内容的运动强度，能够据此合理搭配和组合练习内容；精讲多练，保证学生获得足够且适宜的运动负荷；掌控多数和个体学生的身体反应，根据需要通过多种手段做出及时调整；抓住时机讲解运动负荷的知识原理，指导学生在课外锻炼中运用。

【诊断要点】

1. 运动负荷的意识强化和相关知识储备。

2. 设计及组织教课时考虑运动负荷因素。

3. 对学生运动负荷反应做出判断和调整。

【诊断方法举例】

选择主要运动项目的一项技术动作（如耐久跑），由教师说明进行该项教材内容的教学设计时，如何合理安排运动强度和练习强度。

三、锻炼安全防护

【能力表现】

表 1-18　"锻炼安全防护"不同水平能力表现对照表

阶段	具体能力表现
水平一	有基本的安全意识，但欠缺针对性的教学准备，往往不知如何预防；教学中多用简单重复的语言提醒学生注意安全，遇到突发事件容易慌乱，缺乏有效的处理方法。
水平二	教学设计中有安全措施，练习前对学生提出安全要求；了解中小学常教技术动作的保护与帮助方法，但不够全面和准确；教学组织不够严密，对教学中可能出现的安全问题预判较差；缺乏处理课堂中意外情况的经验，表现为对安全问题关注不够或处理滞后。
水平三	教学前对运动场地和器材检查较为到位，并通过课堂常规、纪律要求等不断强化和规范学生的安全锻炼意识和行为；熟悉中小学大多数技术动作的基本规律，通过合理的教学组织来避免潜在的运动伤害的发生，出现课堂意外情况能根据经验做出及时处理。
水平四	始终贯彻安全练习的意识，设计中有安全预案，教学中有安全提示，练习中有保护措施，指导中有观察判断；了解学生常见运动项目可能发生损伤的原因，并能做出准确预判，提前避免可能造成的伤害；注重安全锻炼的养成教育，强化学生在体育活动和生活中的安全意识。

【诊断要点】

1. 教学准备中的安全措施。

2. 教学过程保障安全锻炼。

3. 处理运动中的意外伤害。

【诊断方法举例】

1. 教师对体操项目中主要技术动作（如肩肘倒立）的保护与帮助方法和注意事项进行说明。

2. 教师陈述运动中出现意外伤害的简易处理方法。

四、健康教育开展

【能力表现】

表 1-19 "健康教育开展"不同水平能力表现对照表

阶段	具体能力表现
水平一	基本了解体育课中健康教育的要求,很少或基本上不开展健康教育,对学生健康问题的关注和指导不足。
水平二	具备基本的健康理论知识,备课时会参阅教材及相关的资料;根据教案开展教学,教学方法和手段以照本宣科为主;对健康知识与学生体育锻炼和生活实际的联系不够,趣味性和实效性有待提升。
水平三	进行健康教育内容的备课时,在阅读相关资料的同时融合一些自身教学实践中的案例;利用技能教学渗透、理论课讲解等多种途径传授健康知识,能够指导学生提出的大多数健康问题,但未能形成系统性的知识体系。
水平四	清晰把握课程标准的健康知识体系,并从学生需要出发拓展健康知识;在技能教学中注重理论联系实际,抓住时机进行渗透;在理论教学中运用多种媒体手段和参与式学习形式,调动学生学习积极性;关注学生健康生活方式养成,并指导学生通过多种途径认知健康知识,强化健康意识。

【诊断要点】

1. 健康教育的知识储备。

2. 实施健康教育的途径、手段与方法。

3. 拓展健康教育到学生课外和生活中。

【诊断方法举例】

教师简要描述青春期的生长发育特点与保健知识,以及开展体育锻炼时的注意事项。

第五节 体育品行强化指标教学能力诊断

一、教育因素关联

【能力表现】

表 1-20 "教育因素关联"不同水平能力表现对照表

阶段	具体能力表现
水平一	在不同项目单元和课时教学设计中写出的情感目标差异不大,重复率也较高,如集体主义、顽强拼搏等,在具体的教学环节中没有相关体育品行强化活动。

续表

阶段	具体能力表现
水平二	在不同项目课时教学设计中写出的情感目标各有侧重点,如球类的竞争、长跑的拼搏、体操的挑战等,但同一个项目的 8 课次以上单元教学设计的情感目标差异性就不大;在某一个教学环节中会用简单的文字提及情感目标达成的具体活动,如在分组比赛时,提出加强学生互相合作与竞争意识。
水平三	在一个项目 8 课次以上单元教学设计中写出各有差异的 8～10 个情感目标,如在足球单元教学设计的不同课次中分别写出团结协作、公平竞争、自信心、坚忍意志、遵守规则、体育文明、责任心、情绪调控等目标,以具体活动或文字指向的方式融入队列队形、技术教学、游戏比赛、课课练等具体教学环节中。
水平四	结合不同项目的特性,在 3 个以上项目各 8 课次以上单元教学设计中,写出侧重点不一的 8～10 个情感目标,如足球、长跑、技巧的单元教学设计情感目标,在教学各环节中清晰地呈现情感目标达成的不同的教学情境与活动。

【诊断要点】

1.体育品行强化教育因素的挖掘与分析。

2.体育品行强化情感目标的呈现与厘清。

3.体育品行强化教育活动的设计与组合。

【诊断方法举例】

在不同类别的运动项目中,以某一个运动项目为例,分别写出具有该项目特性的体育品行强化教育因素。

表 1-21　不同运动项目特性的体育品行强化教育因素诊断表

项目类别	运动项目举例	具有项目特性的体育品行强化教育因素
田径类		
体操类		
球类		
武术类		
民族民间		
传统体育类		
游泳或冰雪类		

二、学生品行关注

【能力表现】

表 1-22 "学生品行关注"不同水平能力表现对照表

阶段	具体能力表现
水平一	无暇顾及学生体育品行的表现，有些时候看见了因为不知道怎么处理，仍旧按部就班地进行教学；直接对不合作、不能坚持、互相争执的学生进行简单的批评与行为制止。
水平二	学生出现打架、骂人等不当行为，看到后对学生进行说服教育，但处理方式比较简单；学生出现一些积极的表现，如互相帮助、比赛时不服输等，没有实质性的表扬措施，或是用"做得很好""向他学习"只言片语一带而过，没有具体指向性的语言。
水平三	时刻关注学生的体育品行，如在球类比赛中的互相合作、跳高时的勇敢果断等，会用语言、物质、练习次数等奖惩措施进行干预，使学生心悦诚服，并以此进行集体教育；对个别不善合作的学生，主动创设一定的教学环境促使其融入到小组和集体活动中。
水平四	主动捕捉与利用随机出现的事件融入当前的教学内容中，及时发现学生的闪光点和不和谐的音符，进行正确的引导，如学生比赛输了或是消极练习时，告知要用适当的战术战胜对方，保持我们的斗志，并引申到学生实际生活中。

【诊断要点】

1.学生体育品行的特征观察。

2.学生体育品行的反应判断。

3.学生体育品行的干预措施。

【诊断方法举例】

请列举学生在意志品质、情绪、合作竞争、体育道德方面的核心表现；举例说明有哪些应对措施。

表 1-23 学生体育品行的核心表现与教师措施诊断表

品行方面	学生的核心表现	教师的应对措施
意志品质		
各类情绪		
合作竞争		
体育道德		

三、课堂教学融合

【能力表现】

表 1-24 "课堂教学融合"不同水平能力表现对照表

阶段	具体能力表现
水平一	不知道或不怎么关注体育品行强化，有可能无意识地将项目中的教育因素教出来了，如中长跑培养学生坚韧不拔精神；一般会在体育课的开始部分提出有关情感目标的要求。
水平二	在体育游戏或比赛等环节融入常见的体育品行强化教育因素，如田径、体操中的勇敢果断、不怕困难，游戏比赛中的遵守规则，但重复出现少量表述比较简单、引导意图不清晰、抓不到重点的用语，如"加油、继续""要遵守规则"，结束后又没有针对具体问题进行小结，只是"配合得很好""打得挺好"等笼统评价。
水平三	融合项目、学情、教学三要素，主动巧妙地创设一些相关的教学情境，如有目的、限制条件的分组球类比赛，灵活运用语言、物质、奖惩等手段反馈体育品行强化效果，当赢球时重点提出成功因素激励学生，并共同制定下一个具有挑战性的目标。
水平四	以身作则，传达良好的体育品行；结合自身的特长，提炼出一些特色强化方法，如精准的规则口诀；根据突发事件调整教学过程与效果反馈；创造教育时机，将效果迁移、延伸到学生课外生活和工作中。

【诊断要点】

1. 体育品行强化情境的创设。

2. 体育品行强化时机的捕捉。

3. 体育品行强化方法的把握。

【诊断方法举例】

请列举体育课堂各教学环节体育品行强化的教育因素；举例说明体育品行强化的教学策略有哪些。

表 1-25 体育课堂各教学环节体育品行强化的教育因素与教学策略诊断表

教学环节	体育品行强化的教育因素	体育品行强化的教学策略
课堂常规		
队列队形		
慢跑		
徒手操		
分组学练		
游戏比赛		
课课练		
放松练习		
点评总结		
回收器材		

第二章 农村中小学体育教师教学能力培训目标精准定位

　　培训目标是培训工作的出发点和归宿，聚焦着学员的主体与方向，牵引着学员的进步与提高，凝练着学员的努力与追求。作为体育教师通过培训所要达到的标准，培训的目标主要分析培训具体解决什么问题，最终达到什么效果。通过培训目标的精准定位，我们可以回答"培训要达到什么目标""培训的出发点和落脚点是什么""通过培训学员学会了什么、解决了什么、转变了什么、发展了什么、收获了什么"等问题。

第一节 体育学科理解指标培训目标定位

一、课程理念导向

　　1. 完整地说出体育课程基本理念的内容，并在教学设计文本中有基本理念的内容体现。

　　2. 从教学设计层面体现出对课程基本理念的理解和灵活应用。

　　3. 从教材、场地使用、学生学习等方面把握课程基本理念的具体落实。

　　4. 在体育课堂教学中发现基本理念落实过程中存在的问题，并及时调整教学策略，以提高基本课程理念贯彻落实的实效性。

二、教学理念贯彻

　　1. 独立写出要素齐全、内容具体规范的体育教学设计文本。

　　2. 结合场地器材、学生实际设置达成度高的学习目标。

　　3. 遵循教学原则，采用能够强化重点、突破难点的教学手段。

　　4. 充分考虑学生学习过程中的种种需求和若干问题，灵活调整教学进度和手段，注重课堂教学的实效性。

　　5. 全面把握课堂教学中的若干要素，在全面贯彻落实体育课程基本理念的前提下，注重体育课堂教学细节的把握。

　　6. 从学生学习和发展的角度出发，能够灵活机智地把握课堂教与学的过程。

第二节 运动兴趣激发指标培训目标定位

一、运动兴趣关注

1. 在教学设计和实施教学的过程中关注学生的兴趣，有针对性地运用指导方法，并能从评价的角度激发学生兴趣。

2. 在学生参与活动时，从学生的注意力、生理负荷方面关注学生的兴趣，能采用不同的方式激发学生的兴趣。

3. 根据不同的教学内容特点，采用有效的方法使学生保持学习兴趣。

4. 能针对不同项目特点和不同学生的运动基础，采用多样的教学方法持续激发学生的学习兴趣。

二、激发手段选用

1. 在教学设计中结合不同的教学内容设计有效手段激发学生的学习兴趣。

2. 结合教学的实际，根据学情、教学环境、教学重难点，合理选用教学方法、手段，激发学生的学习兴趣，并能针对教学情境合理运用。

3. 根据教学目标，针对不同教学内容和教学情境，采用有效的教学评价激发学生的学习兴趣。

三、习惯培养调控

1. 运用体育课堂教学常规，采用多种手段和方法，帮助学生养成良好的体育锻炼习惯。

2. 根据项目特性、教材特点，结合教学实际，帮助学生养成体育锻炼习惯。

3. 根据学生特点，采用有效的方法、手段，调控学生的情绪，培养学生自我锻炼的能力。

第三节 运动技能传授指标培训目标定位

一、学习目标落实

1. 根据教材内容、学生特点和实际情况，参考多方面素材，对运动技能教学目标予以设定，且层次分明。

2. 理解运动技能形成规律和学习目标内涵，呈现、落实和判断学习目标的达成情况。

3. 以学习目标的呈现要素，抓住运动技能教学目标预设三要素，设置体现出学生水平和教材内容的递进。

4. 从学生的角度，把握运动技能目标预设难度，并能根据实际情况及时调整教学。

二、教学内容选用

1. 根据教材和学生实际选择教学内容搭配，考虑教学内容的搭配问题，酌情安排教学容量。

2. 把握项目特性和教材内容，把握学理性，做到教学内容的衔接、递进和系统。

3. 从学生的角度兼顾趣味性和锻炼性，内容匹配融合生活等多种元素。

4. 结合实际情况，把握教学内容选用要义，对教学内容进行适当变化和创新。

三、教学方法选创

1. 掌握几种常用的教学方法，了解几种新型的教学方法，遵循教学方法运用的基本要求。

2. 根据实际情况和多种元素选用教学方法，呈现方式多样，在运用过程中逐渐丰富、凸显实效，突破教学重点。

3. 从学生的视角选创教学方法，并能及时、灵活调控，解决教学难点。

4. 根据自己的特点运用教学方法，创新教学方法，且能自我检验教学方法的有效性。

四、技能学习的组织管理

1. 理解并重视运动知识与技能学习的组织管理，有常规的、规范的养成教育。

2. 结合认知心理学和技能学习理论，把握技能学习组织管理的主要环节和组织形式。

3. 从师生互动视角，注意组织管理的位置和视野，学生能够领悟、执行和发挥示范作用。

4. 结合技术教学和教学条件，做好技能学习组织管理时间和空间上的设计、布置和调控。

五、学生学习的关注指导

1. 有关注学生技能学习的意识，对学生的关注点站在多视角范围内。

2. 针对教学中学生出现的易犯错误和普遍问题有预案，能及时纠正和解决。

3. 捕捉学生技能学习生成性问题，结合学生技能掌握情况，给予学法指导。

4. 结合学生技能学习中的表情、状态和行为，予以技能学习诊断和改进提高指导。

六、教学评价反馈

1. 有运动知识与技能学习评价的意识，清晰教学评价的基本要因和基本内容。

2. 进行运动知识与技能掌握的评价（标准）设计，并在教学中采用多种形式进行评价。

3. 运用多种媒体手段和辅助手段，对学生技能掌握情况及时反馈。

4. 从学生技能掌握和发展的角度进行评价，对学生技能学习给予正向激励和延续引导。

第四节 身体健康促进指标培训目标定位

一、学生体能发展

1. 重视学生体能发展，能够根据健康促进和技能学习的需要，为学生设计体能发展目标和练习计划。

2. 了解锻炼原则、不同年龄青少年身体素质特点和发展敏感期等体能知识，并用于体育教学和指导体育锻炼。

3. 熟练掌握发展体能的练习手段，能从关注学生差异和调动练习积极性的角度出发，在体育教学中灵活运用持续、循环、间歇、游戏、竞赛等训练方法。

4. 熟悉《国家学生体质健康标准》对于体能评价的内容和方法，正确评估学生的体能，并注重课内外体育锻炼的相互促进。

二、运动负荷监控

1. 能从人体体育运动过程的基本规律出发，结合教学内容和教学对象的情况，在一节课的不同阶段安排适宜的负荷。

2. 了解超量恢复的原理，合理搭配主教材内容和体能练习；将精讲多练贯穿始终，保证学生在体育课中获得足够的运动负荷。

3. 关注学生个体差异，能根据学生的性别、身体基础等情况安排相应的训练强度和训练密度；在练习过程中关注个体的身体反应，及时做出判断和调控。

三、锻炼安全防护

1. 将安全锻炼的意识扎实落实到教学准备行为中，有预案，有要求，有检查，而不是停留在口头。

2. 通过严密的教学组织和科学的锻炼指导，最大程度避免体育课学习中意外伤害的发生。

3. 掌握处理运动中意外伤害的原则和方法，并能在意外发生时及时做出正确处理。

四、健康教育开展

1. 了解课程标准中对健康教育知识的要求，在准备教学时体现出一定的学习能力，能够联系锻炼实际和生活常识。

2. 将健康教育与运动技能学习有机结合，针对不同知识的特点采用结合、融合和并行等不同形式开展教学。

3. 在指导学生学习健康知识的同时，采用多种评价手段激励和督促学生养成良好生活方式。

第五节 体育品行强化指标培训目标定位

一、教育因素关联

1. 挖掘不同运动项目的若干教育因素，区分常见与独特体育品德与精神渗透教育因素的差异。

2. 呈现不同教学设计的情感教学目标，厘清体育品德与精神渗透一项多能与多项一能的特性。

3. 设计不同教学环节的教育情境活动，反思体育品德与精神渗透教育活动的组合与搭配方式。

二、学生品行关注

1. 注意观察学生的体育品行表现，了解学生意志品质、情绪、合作、体育道德方面的常见特征。

2. 针对学生积极与消极的体育品行表现做出准确的反应判断，科学评价学生的合作竞争、坚韧自信、规则文明、情绪角色等品行。

3. 采取语言、物质、练习次数等奖惩措施进行干预，引导学生在体育活动与生活中形成良好的体育品行。

三、课堂教学融合

1. 比较分析运动项目、学情、教学环节三要素，实施体育品行强化融合式教育。

2. 在体育教学实施中捕捉体育品行强化教育时机，适时地利用教学资源与调整教学进度。

3. 选用体育品行强化方法，把握教育效果的衡量尺度与应对分寸。

第三章 农村中小学体育教师教学能力培训课程精准研制

　　培训课程是体育教师培训改革的重要着力点，是实现培训目标的主要途径和开展教育教学活动的直接载体，优质的课程是教师培训机构的核心竞争力，也在很大程度上决定着培训的质量和效益。围绕课程改革与专业发展，围绕体育教师教学能力与教学质量，围绕学生运动能力与终身体育，围绕学生体质与锻炼指导，设计并实施系统、科学的培训课程，就是实现培训目标的过程，是整个体育教师培训的核心，是决定培训效果的关键性因素。

　　课程的本质是什么？形象地说，课程就是引领学习者在跑道上奔跑，最终使学习者无须引领、自由奔跑的过程。因此，课程设计就有两个关键：一是"跑道的规划"，二是必须让学习者"跑起来"。体育教师培训课程是培养体育教师的核心，在很大程度上决定着培训的质量和效益。

一、课程设计的流程图

　　培训课程设计是整个教师培训的核心。要使培训成效显著、成果突出，就必须建立科学合理的培训课程设计流程。教师培训课程设计的流程分为七个步骤，如图3-1。

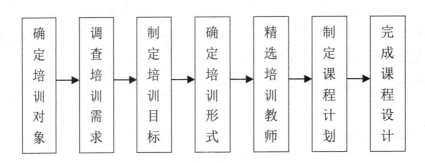

图 3-1 培训课程设计流程图

二、多元化的课程体系设置

　　针对体育教师培训的特殊性，结合当前体育教师培训的实践，可采取培训专题、培训模块的方式，设计核心课程、技能课程、选修课程、交流课程等内容丰富、形式多元的课程体系（如表3-1）。

表 3-1 培训课程的设置

课程	内涵或特点
模块课程	从某一相对独立问题出发，打破学科界限，将解决问题所需要的相关知识、分析方法和解决手段有机地结合起来，组成一个相对独立的教学单元。
核心课程	围绕培训目标，居于课程体系核心位置的、具有生成力的课程，是培训课程中主要的、重要的、不可替代的课程。
拓展课程	在核心课程根基上生发出来的，是开发、变通和拓展的课程，其和核心课程具有内在的一致性。
选修课程	学员可根据自身需求在教学技能与教学拓展等课程中进行菜单式选修，以满足不同学员个性化需求，避免培训"面面俱到"但又"蜻蜓点水"的现象发生。
技能课程	体现体育科学特性的不同项目的运动技能、体育课堂教学技能、实践操作技能课程。
体验课程	在实践考察、学习观摩、听评课指导中学习、感受与体验。
交流课程	与行政官员、专家教授、特级教师、优秀教师、同行的互动、研讨与碰撞。

三、多元化的课程类型设置

根据教育部颁布的"国培计划"课程标准指南和教师专业发展标准，结合当前农村中小学体育教师的需求、问题和缺失，基于体育学科的特点，要使培训适应不同层次、不同类型体育教师的需求，具有很强的目的性和灵活性，需要根据现代社会对高素质专业化创新型体育教师的需求以及体育教师专业发展的阶段性需要，进行全程规划，设计合理的课程类型，力求形式多元化（见表3-2）。同时，培训课程的建设不再是延续自上而下规定的内容，而是基于一线体育教师教育教学实践的需要，设计开发针对性和适切性的课程以满足现实的需要。

表 3-2 农村中小学体育教师培训课程的多元化类型

课程类型	目 的	着眼点
理论性课程	把若干有关学科知识联系起来综合编排的课程。	有利于拓宽体育教师的知识面，帮助其了解学科理论，改善知识结构和理论视野，改变知识面过窄的现状。
实践性课程	考虑不同层次体育教师实际需要而开设的课程。	使体育教师专业素养得到提高，对体育教师教学能力提升有直接帮助。
必修性课程	使体育教师达到规定的统一要求而开设的课程。	使体育教师的职业道德素养得到提高，掌握适合教育形势发展需要的必要技术。

续表

课程类型	目 的	着眼于
选修性课程	满足体育教师的个性发展和兴趣而开设的课程。	为体育教师的发展提供有利空间和条件，为其独特的教学风格的形成奠定基础。
专题性课程	为解决某一问题而设立的专门性课程。	多以体育教育教学、体育科研、阳光体育、学生问题研究为中心。
工具性课程	为适应实际工作需要而开设的课程。	适应体育教师一般性工作和特殊性工作的实操需要。
修养性课程	为适应体育教师自身发展的需要而开设的课程。	适应体育教师一般发展需要，适应不同体育教师发展兴趣、爱好和特长。

第一节 体育学科理解指标培训课程研制

一、课程理念导向

（一）指导目标

1. 理解体育课程性质，明确体育课程理念对体育与健康课程的指导意义与作用。

2. 依据不同教材，从教学设计层面体现出对课程基本理念的理解和灵活应用，突出体育课程的核心价值。

3. 把握体育课堂实施和课程基本理念落实过程中存在的问题，采用有效教学策略。

（二）指导案例

【课程001】深度解读《义务教育体育与健康课程标准》

【内容要点】

（1）理解体育课程性质，强化运动技战术的学习与运用。

（2）梳理体育课程目标，突出体育课程的核心价值。

（3）了解对体育教学内容的评价，给予建议和范例。

（4）突出教师的评价地位，强化体育成绩的考核。

（5）学会制定学习目标，提高教学效果。

【实施方式】专题讲座3课时，答疑1课时

【课程资源】

（1）教育部基础教育课程教材专家工作委员会. 义务教育体育与健康课程标准（2011年版）解读 [M]. 北京：高等教育出版社，2012.

（2）陈雁飞. 中小学体育教师专业引领与提升 [M]. 北京：高等教育出版社，2011.

【适应水平】水平一、水平二

【课程002】体育课程基本理念及其落实策略

【内容要点】

（1）坚持"健康第一"理念与体育学科育人本质，落实课程的策略。

（2）激发学生体育兴趣，强化锻炼方式与方法。

（3）关注学生发展与差异，学习如何在课堂中落实。

【实施方式】专题讲座3课时，答疑1课时

【课程资源】

（1）《中国学校体育》《体育教学》杂志多期

（2）毛振明，杜晓红，于素梅.新版课程标准解析与教学指导·体育与健康[M].北京：北京师范大学出版社，2012.

【适应水平】水平一、水平二

二、教学理念贯彻

（一）指导目标

1.依据体育课程性质，有效落实体育课堂教学要素与内容要点。

2.熟悉《义务教育体育与健康课程标准》的内容与核心思想，把握教材内容、有效教学设计与课堂教学实施的对应关系。

3.根据学生学习和发展的角度有效实施体育课堂，灵活机智地把握课堂教学各环节教与学的过程。

（二）指导案例

【课程003】体育教学创新设计与有效实施

【内容要点】

（1）体育教学微创新定位与意识。

（2）体育教学创新方法与手段落实策略。

（3）体育教学创新效果与课堂有效实施。

【实施方式】专题讲座3课时，答疑1课时

【课程资源】

（1）季浏.中国健康体育课程模式的思考与构建[J].北京体育大学学报，2015（9）：72—76.

（2）霍军.创新教育理念下体育教学方法理论与实践研究[D].北京：北京体育大学出版社，2012.

【适应水平】水平三、水平四

【课程 004】体育课堂观察及其有效运用

【内容要点】

（1）体育课堂观察视角与内容。

（2）体育课堂观察策略与方法。

（3）体育课堂观察判断与时机。

（4）体育教法优化与有效运用。

【实施方式】专题讲座 2 课时，课例分析 1 课时，答疑 1 课时

【课程资源】

（1）郭勇.LICC 范式视角下的体育课堂观察点的确立 [J].中国学校体育，2018（7）：57—58.

（2）沈毅，崔允漷.课堂观察：走向专业的听评课 [M].上海：华东师范大学出版社，2008.

【适应水平】水平二、水平三、水平四

【课程 005】体育课堂评价设计与合理组织

【内容要点】

（1）体育课堂评价方法与策略。

（2）体育课堂教师评价方法与时机。

（3）体育课堂学生自评与互评要点。

（4）体育课堂评价标准与评价效果。

【实施方式】专题讲座 2 课时，课例分析 1 课时，答疑 1 课时

【课程资源】

（1）胡楠.基于 SOFIT 课堂观察系统对高中体育课堂教学评价的探索性研究 [D].武汉：华中师范大学，2016.

（2）潘燕娜.例析体育课堂教学评价的实施策略 [J].中国学校体育，2016（8）：37—38.

【适应水平】水平二、水平三、水平四

第二节　运动兴趣激发指标培训课程研制

一、运动兴趣关注

（一）指导目标

1.有针对性的指导方法，从评价的角度激发学生兴趣。

2. 根据不同的教学内容特点，采用不同的方式激发学生的兴趣。

3. 采用丰富的教学方法持续激发学生的学习兴趣。

（二）指导案例

【课程 006】中小学生的运动兴趣特点与爱好分析

【内容要点】

（1）中小学生的运动兴趣特点分析。

（2）中小学生的运动爱好分析。

【实施方式】讲授 2 学时，案例研修 4 学时，研讨 2 学时

【课程资源】

（1）柴娇，林加彬. 我国中小学生体育运动项目学习兴趣变化规律研究 [J]. 沈阳体育学院学报，2018（2）：80—88.

（2）《体育与健康》（人教版）教材

【适应水平】水平一、水平二、水平三

【课程 007】激发学生体育学习动机的策略

【内容要点】

（1）掌握激发学生学习兴趣的方法。

（2）激发学生的学习动机。

（3）了解学生的需求。

【实施方式】讲授 2 学时，案例研修 2 学时，研讨 4 学时

【课程资源】

（1）李健，姜宇航，饶子龙. 激发学生体育学习兴趣的思考 [J]. 中国学校体育，2016（1）：7—9.

（2）赵荒. 中小学生体育学习动机的激发策略 [C] // 中国心理学会. 中国心理学会成立 90 周年纪念大会暨第十四届全国心理学学术会议论文摘要集，2011.

【适应水平】水平一、水平二、水平三

【课程 008】如何分析学情

【内容要点】

（1）了解学情分析的重要意义。

（2）掌握学情分析的方法。

（3）根据学情分析，进行教学设计和教学改进。

【实施方式】讲授 4 学时，案例研修 4 学时，研讨 8 学时

【课程资源】

（1）毛振明，于素梅，杜晓红. 初中体育教学策略 [M]. 北京：北京师范大学出版社，

2010.

（2）李健．体育教学设计中学情动态分析的思考 [J]．中国学校体育，2016（7）:37—38.

【适应水平】水平一、水平二、水平三

二、激发手段选用

（一）指导目标

1. 运用讲解法、示范法等基本教学方法激发学生的运动兴趣。

2. 能够针对教学内容选择多样的方法，掌握通过教学情境激发兴趣的实效性方法。

3. 创造性运用教法，培养学生持续的运动兴趣。

（二）指导案例

【课程 009】体育课堂教学观察的方法与手段

【内容要点】

（1）掌握观察手段及观察策略。

（2）基于观察手段掌握激发学生兴趣的手段。

【实施方式】讲授 4 学时，案例研修 4 学时，研讨 8 学时

【课程资源】

（1）崔允漷，沈毅，吴江林，等．课堂观察 2：走向专业的听评课 [M]．上海：华东师范大学出版社，2013.

（2）李健．基于"课例研究"的中小学体育课堂教学行为观察 [M]．北京：北京教育出版社，2015.

【适应水平】水平二、水平三、水平四

【课程 010】管理学生的策略与艺术

【内容要点】

（1）了解学生身心特点。

（2）掌握保持良好师生关系的方法。

（3）了解对学生进行有效管理的策略和艺术。

【实施方式】讲授 4 学时，案例研修 4 学时，研讨 8 学时

【课程资源】

（1）孙冬梅．课堂管理策略 [M]．北京：高等教育出版社，2007.

（2）李健．体育新教师课堂组织技能培训的思考 [J]．体育教学，2017（6）：53—55.

【适应水平】水平一、水平二、水平三

三、习惯培养调控

（一）指导目标

1. 掌握建立课堂常规的方法。

2. 能够运用不同的手段方法，帮助学生形成良好的体育行为和锻炼习惯。

3. 能够在不同的情境中，调控学生的情绪。

（二）指导案例

【课程 011】体育学习行为的基本规律

【内容要点】

（1）掌握学生体育学习特点。

（2）了解体育学习的规律。

（3）了解体育行为的形成规律。

【实施方式】讲授 4 学时，案例研修 4 学时，研讨 8 学时

【课程资源】

（1）杜隆华，王金辉.组织行为学理论视角下的学校体育本质研究 [J].当代体育科技，2014（34）：238—239.

（2）林崇德.中学生心理学 [M].北京：中国轻工业出版社，2013.

【适应水平】水平一、水平二、水平三、水平四

第三节　运动技能传授指标培训课程研制

一、学习目标落实

（一）指导目标

1. 学习目标设置和落实有教学场景、选择性和学生努力因素。

2. 能考虑多方面素材设定目标，目标达成度可监测。

3. 能跳出当前水平看可预期的长远目标。

4. 在目标落实判断的基础上及时调整教学。

（二）指导案例

【课程 012】义务教育体育与健康课程目标的理解与把握

【内容要点】

（1）运动参与课程目标维度与层次性分析。

（2）运动技能课程目标维度与层次性分析。

（3）身体健康课程目标维度与层次性分析。

（4）心理健康与社会适应目标维度与层次性分析。

【实施方式】讲授 4 课时，案例研修 2 课时，分组研讨 2 课时

【课程资源】

（1）《义务教育体育与健康课程标准（2011 版）》

（2）潘建芬，胡峰光，史红亮 . 基于"运动技能"目标达成对体育教师教学能力的理解 [J]. 中国学校体育，2016（1）：10—11.

【适应水平】水平一、水平二、水平三

【课程 013】体育教学技能目标的问题分析与指导

【内容要点】

（1）体育教学技能目标在课程、教材、课堂层面的问题分析。

（2）体育教学技能目标"不明确、不具体、操作性不强"的问题分析。

（3）制定体育教学技能目标的基本原则。

【实施方式】讲授 4 课时，案例研修 4 课时

【课程资源】

（1）陈雁飞 . 体育新课程教学与教师成长 [M]. 北京：中国人民大学出版社，2009.

（2）2018 年—2020 年各期《体育教学》

【适应水平】水平三

【课程 014】体育学习目标的要素和范式

【内容要点】

（1）体育学习目标"条件"要素分析与撰写。

（2）体育学习目标"行为"要素分析与撰写。

（3）体育学习目标"标准"要素分析与撰写。

（4）结合实践进行体育学习目标的制定与指导。

【实施方式】专家讲座 2 课时，案例分析与作业研讨 2 课时

【课程资源】

（1）李文江 . 运动能力与健康行为视角下体育课堂教学认知目标的制定 [J]. 体育教学，2020（2）：17—19.

（2）2018 年—2020 年各期《中国学校体育》

【适应水平】水平二、水平三

二、教学内容选用

（一）指导目标

1. 自身具备和掌握多项运动技能。

2. 了解身体活动和各项运动项目的起源与发展、健身价值、技战术原理、规则礼仪、运动欣赏、安全注意事项等基本知识和技术。

3. 能有效选用适合不同年龄阶段学生运动技能学习的内容。

（二）指导案例

【课程 015】体育教学内容的选用与分析

【内容要点】

（1）体育教学内容选编的基础理论。

（2）体育教学内容的概念、来源、特性，以及宏观与微观层面的体育教学内容。

（3）体育教学内容选编的优化程序。

（4）体育教学内容选择原则、排列理论。

（5）不同类型的体育教学内容。

（6）体育教学内容加工改造的有效方法、选编误区与选编提示、案例分析。

【实施方式】理论讲授 4 课时，案例研修 2 课时，分组研讨 2 课时

【课程资源】

（1）毛振明，于素梅. 体育教学内容选编技巧与案例 [M]. 北京：北京师范大学出版社，2009.

（2）陈志山. 核心技术视角下构建大单元体育教学内容的假设理论 [J]. 西安体育学院学报，2018（3）：374—378.

【适应水平】水平二、水平三

【课程 016】田径重点运动技能的内容学习与能力提升

【内容要点】

（1）以接力跑、跨越式跳高、投掷轻物等小学田径类教材部分内容为切入点。

（2）通过技能学练、专业考核进一步强化田径类技术动作的规范性和准确性。

（3）结合讲解帮助教师掌握进行动作示范、技能教学的要点。

【实施方式】专题讲座 3 课时，技能学练 4 课时，重点运动技能考核评价 1 课时

【课程资源】

（1）国际田径运动联合会. 跑！跳！投！ [M]. 北京：北京体育大学出版社，2009.

（2）人民教育出版社网站

【适应水平】水平一、水平二

【课程 017】体操重点运动技能的内容学习与能力提升

【内容要点】

（1）以基本队列队形、侧手翻、支撑跳跃等体操类教材部分内容为切入点。

（2）通过技能学练、专业考核进一步强化体操类技术动作的规范性和准确性。

（3）结合讲解帮助教师掌握进行动作示范、技能教学的要点。

【实施方式】专题讲座 3 课时，技能学练 4 课时，重点运动技能考核评价 1 课时

【课程资源】

（1）李艳翎.体操 [M].北京：高等教育出版社，2006.

（2）张中印，宋波，杨清风，等."大体操"视域下的中学体操教学[J].广州体育学院学报，2017（5）：114—118.

【适应水平】水平一、水平二

【课程 018】武术重点运动技能内容学习与能力提升

【内容要点】

（1）以武术基本动作、基本套路、实践应用等武术类教材内容为切入点。

（2）通过技能学练、专业考核进一步强化武术类技术动作的规范性和准确性。

（3）结合讲解帮助教师掌握进行动作示范、技能教学的要点。

【实施方式】专题讲座 3 课时，技能学练 4 课时，重点运动技能考核评价 1 课时

【课程资源】

（1）《九年义务教育六年制小学体育与健康教师用书》（人教版）水平一至水平三

（2）吴必强.套路基础 [M].重庆：重庆大学出版社，2008.

【适应水平】水平一、水平二

【课程 019】球类重点运动技能内容学习与能力提升

【内容要点】

（1）以篮球、足球、排球等球类教材内容为切入点。

（2）通过技能学练、专业考核进一步强化球类重难点技术动作的规范性和准确性。

（3）结合讲解帮助教师掌握进行动作示范、技能教学的要点。

【实施方式】专题讲座 3 课时，技能学练 4 课时，重点运动技能考核评价 1 课时

【课程资源】

（1）姜宇航，张庆新.提升小学体育教师足球教学能力 [M].北京：北京出版社，2017.

（2）魏敬，陈威.小学篮球教学的实践与研究 [M].北京：九州出版社，2020.

【适应水平】水平一、水平二

【课程 020】韵律操重点运动技能内容学习与能力提升

【内容要点】

（1）韵律操基本动作示范与教学要点提示。

（2）韵律操组合动作示范与教学要点提示。

（3）韵律操成套动作示范与教学要点提示。

（4）韵律操重点运动技能考核与评价要点及教学建议。

【实施方式】专题讲座 3 课时，技能学练 4 课时，重点运动技能考核评价 1 课时

【课程资源】

（1）《九年义务教育六年制小学体育与健康教师用书》（人教版）水平一至水平三

（2）宋扬 . 少儿健身韵律操 [M]. 成都：成都时代出版社，2008.

【适应水平】水平一、水平二

【课程 021】民传体育重点运动技能内容学习与能力提升

【内容要点】

（1）踢毽子示范与教学要点提示。

（2）竹竿舞示范与教学要点提示。

（3）民传体育重点运动技能考核与评价要点及教学建议。

【实施方式】专题讲座 3 课时，技能学练 4 课时，重点运动技能考核评价 1 课时

【课程资源】

（1）《九年义务教育六年制小学体育与健康教师用书》（人教版）水平一至水平三

（2）白晋湘 . 民族民间体育 [M]. 北京：高等教育出版社，2010.

【适应水平】水平一、水平二

【课程 022】武术套路运动技能发展

【内容要点】

（1）武术套路的编排组合方法与教学建议。

（2）武术套路的动作、动作组合示范与教学要点提示。

（3）武术套路的完整动作示范与教学要点提示。

（4）武术套路运动技能考核与评价要点及教学建议。

【实施方式】武术套路动作培训 6 课时，交流互动 1 课时，武术套路动作考核评价 1 课时

【课程资源】

（1）杜晓红 . 学校武术论：基于课程理论的学校武术教育教学研究 [M]. 北京：北京体育大学出版社，2017.

（2）刘培龙，沈菁 . 基于攻防意识的小学武术套路教学 [J]. 中国学校体育，2020（1）：30—31.

【适应水平】水平二、水平三

【课程 023】技巧组合动作运动技能发展

【内容要点】

（1）技巧组合动作的编排组合方法与教学建议。

（2）技巧组合动作的示范与教学要点提示。

（3）技巧组合动作的完整动作示范与教学要点提示。

（4）技巧组合动作运动技能考核与评价要点及教学建议。

【实施方式】技巧组合动作培训 6 课时，交流互动 1 课时，技巧组合动作运动技能考核评价 1 课时

【课程资源】

（1）董春华，唐炎.中小学体操标准化教学指南 [M].上海：上海交通大学出版社，2014.

（2）李艳翎.体操 [M].北京：高等教育出版社，2006.

【适应水平】水平二、水平三

【课程 024】韵律操运动技能发展

【内容要点】

（1）韵律操的编排组合方法与教学建议。

（2）韵律操的动作、动作组合示范与教学要点提示。

（3）韵律操的完整动作示范与教学要点提示。

（4）韵律操运动技能考核与评价要点及教学建议。

【实施方式】韵律操动作培训 6 课时，交流互动 1 课时，韵律操运动技能考核评价 1 课时

【课程资源】

（1）郑小页.基于美国 SPARK 课程下的韵律操教学策略 [J].中国教师，2014（6）：18—20.

（2）宋扬.少儿健身韵律操 [M].成都：成都时代出版社，2008.

【适应水平】水平二、水平三

三、教学方法选创

（一）指导目标

1.能理解不同类型运动技能的学习特点。

2.能根据教学条件、教学内容等因素选择运用合适的教学方法。

3.能运用 5 ～ 8 种主要教学方法和新型教学方法，突破教学重难点，达成教学目标。

（二）指导案例

【课程 025】示范在技能学习中的特殊作用

【内容要点】

（1）体育教师注意示范的目的性和激励性。

（2）示范动作的准确优美。

（3）示范要展示动作的关键环节，突出重点、难点。

（4）把握示范时机与示范面的技巧。

（5）示范与讲解有机结合。

【实施方式】专题讲座 3 课时，交流互动 1 课时

【课程资源】

（1）龚正伟.体育教学论 [M].北京：北京体育大学出版社，2004.

（2）于素梅，毛振明.体育学法论 [M].北京：北京体育大学出版社，2009.

【适应水平】水平二、水平三

【课程 026】体育教师示范能力形成的技巧

【内容要点】

（1）教师正确的动作示范，能够让学生加深对技术动作的认识与理解。

（2）教师优美的示范动作，能够激发学生学习的兴趣和参与的热情，树立热爱体育和终身体育的意识。

（3）制定相关制度，把示范动作的练习纳入体育工作常规，定期考核。

（4）多种形式促进教师示范动作能力的提高（评比、竞赛、展示等）。

【实施方式】专题讲座 4 课时，案例分析 2 课时，交流互动 2 课时，实际操作 4 课时

【课程资源】

（1）毛振明.体育教学论 [M].北京：高等教育出版社，2017.

（2）于素梅.上课的门道 [M].北京：教育科学出版社，2017.

【适应水平】水平二、水平三

【课程 027】小学球类教材重难点剖析与教学方法突破

【内容要点】

（1）以篮球运球 + 投篮、足球运球 + 射门等小学球类教材中的重难点教学为切入点。

（2）分析小学球类教材中篮球、足球、排球等教学内容中的教学重点与教学难点。

（3）提供具体的突破方法与教学建议，帮助体育教师突破教学难关。

【实施方式】专题讲座 4 课时，教学观摩及专家点评与研讨 4 课时

【课程资源】

（1）张庆新，姜宇航.小学生足球运动能力提升路径探新 [M].北京：北京体育大学

出版社，2018.

（2）2017 年—2020 年各期《体育教学》

【适应水平】水平三

【课程 028】初中体操教学典型教材的有效运用

【内容要点】

（1）典型教材的内容介绍及分析。

（2）典型教材重点和难点的基本概念及要点，准确把握典型教材的重点。

（3）典型教材重点的教法策略与实施措施，不同学生的难点问题分析及策略指导。

（4）把握重点的基础上，学习科学合理解决典型教材教学难点的方法。

【实施方式】专题讲座 4 课时，教学观摩及专家点评与研讨 4 课时

【课程资源】

（1）陈雁飞.中小学体育教师 200 问 [M].北京：高等教育出版社，2011.

（2）陈雁飞.中小学体育教学绝招 [M].北京：首都师范大学出版社，2013.

【适应水平】水平三、水平四

四、技能学习的组织管理

（一）指导目标

1. 技能学习中，有常规的养成，努力做到队伍调动的精准。

2. 练习完整技术，技能复杂且相互依赖性较低项的分解练习。

3. 在技术技能的准备段和动作段分解练习；完整法与分解法相结合练习。

4. 有效利用时间练习，优化场地与器材，使学习充满乐趣。

（二）指导案例

【课程 029】各种体育小集体学习的组织技巧

【内容要点】

（1）学习并掌握体育教学中小集体学习的原则、特点、方法和组织形式。

（2）学习并领会进行小集体学习时的分组、教师与学生评价的策略与方法。

（3）关注集体学习的过程性评价，养成教师的"慧眼"。

（4）理解体育教学中小集体学习的重要性。

（5）学习并掌握如何将体育小骨干培养为小集体学习的组织者和实施者。

【实施方式】专题讲座 4 课时，案例分析 4 课时

【课程资源】

（1）陈雁飞.中学体育教师专题强化与技能拓展 [M].北京：高等教育出版社，2011.

（2）毛振明，于素梅，杜晓红.初中体育教学策略 [M].北京：北京师范大学出版社，

2010.

【适应水平】水平三、水平四

【课程030】体育活动中突发事件的处理

【内容要点】

（1）学习并理解对突发事件的有序组织与及时处理。

（2）培养教师在制订教案时对教学中容易出现的安全隐患准备安全预案，并在教学中进行演练。

（3）在教学中有针对性地开展对突发事件、安全问题的演习，使学生熟悉处理突发事件的应急方法。

（4）通过分析具体的案例，掌握制订安全预案的方法和处理突发事件的应急程序。

【实施方式】讲授4课时，分组讨论案例2课时，实践研修2课时

【课程资源】

（1）毛振明，于素梅.体育教学安全防护技巧与案例[M].北京：北京师范大学出版社，2009.

（2）黄宁波.例析体育课堂突发事件的解决策略[J].中国学校体育，2018（4）：69.

【适应水平】水平二、水平三

五、学生学习的关注指导

（一）指导目标

1. 能理解不同类型运动技能学习特点，运用多种新型的教学方法，帮助学生营造参与不同运动项目的多种学习情境。

2. 上课时能够为学生创设多种教学情境，经常关注学生学习技能的反应和体验。

（二）指导案例

【课程031】学生运动技能学习的特点与要求

【内容要点】

（1）依据体育与健康课程标准中对"运动技能"课程内容进行分析。

（2）梳理体育教师必须掌握的田径、球类、体操、武术、韵律舞蹈等专项运动技能的具体要求与要点。

（3）专项运动技能在课堂教学中进行示范、讲解的着力点。

【实施方式】专题讲座3课时，交流互动1课时

【课程资源】

（1）胡峰光.以开放式、封闭式运动技能分类视角观小学体育课堂[J].中国学校体育，2018（3）：34—35.

（2）陈雁飞.小学体育教师专题强化与技能拓展[M].北京：高等教育出版社，2012.

【适应水平】水平一、水平二

【课程032】运动技能形成规律与小学生体育学习指导

【内容要点】

（1）掌握运动技能形成各阶段的特点，熟悉泛化阶段、分化阶段、巩固提高与动作自动化阶段的学生特点与外在表现。

（2）应用运动技能形成规律指导学生体育学习的案例分析。

【实施方式】网络视频专题讲座3课时，网上提问、答疑1课时

【课程资源】

（1）王瑞元，苏金生.运动生理学[M].北京：人民体育出版社，2002.

（2）王健.运动技能与体育教学[M].北京：北京体育大学出版社，2009.

【适应水平】水平三、水平四

六、教学评价反馈

（一）指导目标

1.在运动技能教学准备、实施阶段后，能够根据实际情况发现问题、诊断分析和进行评价。

2.把握技能学习评价的难点，尤其是掌握教师评价、学生自评、学生互评的主要方略。

3.在体育课堂上灵活组织评价活动，并能够及时进行技能学习的决策调整。

（二）指导案例

【课程033】体育课堂教学有效评价的实施

【内容要点】

（1）新课标中有关体育课堂教学的过程性评价与终结性评价。

（2）定性评价与定量评价；教师评价、学生自评与学生互评。

（3）体育课堂教学评价难点与体育课堂教师评价、学生自评、学生互评的方略。

（4）体育课堂教学评价案例分析、有效评价案例分析。

【实施方式】专题讲座4课时，案例分析2课时，互动对话2课时

【课程资源】

（1）陈雁飞.体育新课程教学与教师成长[M].北京：中国人民大学出版社，2009.

（2）毛振明，于素梅.体育教学评价技巧与案例[M].北京：北京师范大学出版社，2009.

【适应水平】水平二、水平三

【课程 034】初中体育课堂教学有效评价的实施

【内容要点】

（1）体育课堂教学评价主要难题。

（2）体育课堂评价常见问题及成因分析。

（3）体育课堂教师评价的方略。

（4）体育课堂学生自评的方略。

（5）体育课堂学生互评的方略

【实施方式】专题讲座 4 课时，案例分析 2 课时，实践互动 2 课时

【课程资源】

（1）陈雁飞 . 中小学体育教师专业引领与提升 [M]. 北京：高等教育出版社，2011.

（2）毛振明，于素梅 . 体育教学评价技巧与案例 [M]. 北京：北京师范大学出版社，

2009.

【适应水平】水平二、水平三

第四节 身体健康促进指标培训课程研制

一、学生体能发展

（一）指导目标

1. 帮助教师掌握和运用体能知识原理。

2. 丰富教师发展学生体能的练习手段和方法。

3. 了解并能够实施学生体能评价。

（二）指导案例

【课程 035】身体素质发展敏感期与体能发展

【内容要点】

（1）身体素质发展敏感期的内涵。

（2）力量、速度、耐力、柔韧和灵敏素质的发展敏感期。

【实施方式】专题讲座 4 课时，案例分析 2 课时，研讨 2 课时

【课程资源】

（1）李鸿江 . 青少年体能锻炼 [M]. 北京：高等教育出版社，2007.

（2）田麦久，刘大庆 . 运动训练学 [M]. 北京：人民体育出版社，2012.

【适应水平】水平一、水平二、水平三

【课程 036】体能训练的基本方法与组织形式

【内容要点】

（1）持续练习法、间歇练习法、循环练习法、游戏与竞赛练习法等体能训练的基本方法，分组交流并提炼规律。

（2）促进体能发展的体育游戏、竞赛和民族民间项目；组间交流不同方法的特点和教学中注意事项。

【实施方式】案例分析 2 课时，实践体验 6 课时

【课程资源】

（1）尹军.身体运动功能诊断与训练 [M].北京：高等教育出版社，2015.

（2）兰卡斯特，特奥多雷斯库.青少年身体素质练习方法 [M].史东林，郭丞，张建，译.北京：人民邮电出版社，2017.

【适应水平】水平一、水平二

【课程 037】体育教学中的体能练习

【内容要点】

（1）体育课中体能练习的基本要素：目标、时间、内容、场地、组织、负荷。

（2）"课课练"的内涵与历史沿革，"新课课练"的组织实施与案例分析。

【实施方式】专题讲座 6 课时，案例分析 2 课时

【课程资源】

（1）毛振明，杜晓红，于素梅.新版课程标准解析与教学指导·体育与健康 [M].北京：北京师范大学出版社，2012.

（2）毛振明，何平.体育趣味课课练 1260 例第三册 [M].北京师范大学出版社，2016.

【适应水平】水平一、水平二、水平三

【课程 038】国家学生体质健康标准与学生体能评价

【内容要点】

（1）学生体能评价的内容、原则与方法。

（2）国家学生体质健康标准中的体能评价内容、实施办法、评价标准、组织实施。

【实施方式】专题讲座 2 课时，实践体验 2 课时

【课程资源】

（1）《国家学生体质健康标准解读》

（2）袁尽州，黄海.体育测量与评价 [M].北京：人民体育出版社，2011.

【适应水平】水平一、水平二

二、运动负荷监控

（一）指导目标

1. 强化教师注重运动负荷的意识，进行相关知识储备。

2. 帮助教师了解并掌握设计及组织教学时应考虑的运动负荷因素。

3. 提升教师对学生运动负荷反应做出判断和调整的能力。

（二）指导案例

【课程 039】运动负荷相关的生理学知识

【内容要点】

（1）超量恢复原理。

（2）人体基本活动变化规律。

（3）心率曲线与靶心率。

【实施方式】专题讲座 8 课时

【课程资源】

（1）王瑞元 . 运动生理学 [M]. 北京：人民体育出版社，2012.

（2）田麦久，刘大庆 . 运动训练学 [M]. 北京：人民体育出版社，2012.

【适应水平】水平二、水平三、水平四

【课程 040】体育教学运动负荷的预设与安排

【内容要点】

（1）与运动负荷安排相关的体育课因素分析：教学对象分析、教学内容分析、教学组织分析、体育课类型分析、教学环境与气候条件分析等。

（2）体育课的基本结构与运动负荷安排：分析具体课例开始部分、准备部分、基本部分和结束部分的运动负荷安排，总结规律。

【实施方式】专题讲座 2 课时，案例分析 2 课时

【课程资源】

（1）陈雁飞 . 小学体育教师专题强化与技能拓展 [M]. 北京：高等教育出版社，2012.

（2）陈雁飞 . 中学体育教师专题强化与技能拓展 [M]. 北京：高等教育出版社，2012.

【适应水平】水平一、水平二

【课程 041】科学选择教材保证适宜运动负荷

【内容要点】

（1）教材搭配保证适宜运动负荷的原则：高低结合、动静交替、身心兼顾。

（2）教材搭配保证适宜运动负荷的方法：强化性原则、互补性原则。

（3）田径、球类、体操等教学内容进行合理搭配的操作方案。

【实施方式】专题讲座 2 课时，小组讨论 1 课时，实践体验 1 课时

【课程资源】

（1）金乃婧 . 运动负荷的理论研究 [D]. 北京：北京体育大学，2019.

（2）刘丽娟 . 体育课不同运动负荷对小学生体质健康影响的实验研究 [D]. 上海：华东师范大学，2015.

【适应水平】水平一、水平二、水平三

【课程 042】运动负荷的测定与评价

【内容要点】

（1）课堂教学中学生运动负荷的常用测量方法：脉搏测量法、询问法、观察法。

（2）结合实际课例，分组采用时间分项测定法测定课的密度；综合评价和评定课的密度，讨论影响因素与标准。

【实施方式】实践体验 2 课时，小组讨论 2 课时

【课程资源】

（1）季浏，汪晓赞 . 初中体育与健康新课程教学法 [M]. 北京：高等教育出版社，2003.

（2）季浏，汪晓赞 . 小学体育与健康新课程教学法 [M]. 北京：高等教育出版社，2003.

【适应水平】水平一、水平二

三、锻炼安全防护

（一）指导目标

1. 指导教师撰写教学准备中的安全预案。

2. 提升教师在教学过程中保障安全锻炼的意识与方法。

3. 掌握处理运动中的意外伤害的原则与方法。

（二）指导案例

【课程 043】正确认识运动安全与防护

【内容要点】

（1）辩证看待运动安全。

（2）体育教学中的危险与教师的责任。

（3）造成运动伤害的教学因素剖析。

【实施方式】专题讲座 2 课时，小组研讨 2 课时

【课程资源】

（1）卢标 . 体育运动与安全防护 [M]. 北京：中国地质大学出版社，2009.

（2）毛振明，于素梅.体育教学安全防护技巧与案例 [M].北京：北京师范大学出版社，2009.

【适应水平】水平一、水平二、水平三

【课程 044】保障学生锻炼安全的教师保护技能

【内容要点】

（1）场地器材的检查、保养与安全布置。

（2）对学生的身体和技能状况进行准确判断。

（3）把握教材的难易度与进行教材安全化处理。

（4）对各种动作练习进行安全保护。

（5）利用严密教学组织进行安全保护，对各种危险进行准确预测。

【实施方式】专题讲座 4 课时，实践操练 4 课时

【课程资源】

（1）季建成，郐燕红.体育与生命安全教育 [M].北京：科学出版社，2017.

（2）毛振明.体育教学论 [M].北京：高等教育出版社，2017.

【适应水平】水平一、水平二、水平三、水平四

【课程 045】体育课中的安全隐患与防范

【内容要点】

（1）田径、体操、球类、武术运动教材特点与常见的运动损伤分析；不同项目教学预防运动伤害的保护措施。

（2）体育课安全隐患的危害与类型；体育课准备部分、基本部分、结束部分的安全隐患分析；安全隐患的预判处理与案例分析。

【实施方式】专题讲座 2 课时，案例分析 2 课时

【课程资源】

（1）毛振明，于素梅.体育教学安全防护技巧与案例 [M].北京：北京师范大学出版社，2009.

（2）李英丽，胡元斌.学校运动安全与教育活动 [M].合肥：安徽人民出版社，2012.

【适应水平】水平一、水平二、水平三

【课程 046】常见运动伤害的处理原则与方法

【内容要点】

（1）运动伤害的处理原则：休息（停止运动）、冷敷、加压包扎、抬高患肢。

（2）练习运动损伤的正确处理方法。

【实施方式】专题讲座 2 课时，实践操练 2 课时

【课程资源】

（1）姚鸿恩.体育保健学[M].北京：高等教育出版社，2006.

（2）周嘉瑶.2017年北京市小学生运动伤害的调查及对策研究[D].北京：北京体育大学，2019.

【适应水平】水平一、水平二、水平三、水平四

四、健康教育开展

（一）指导目标

1. 提升体育教师健康教育的知识储备。

2. 拓宽教师实施健康教育的途径、手段与方法。

3. 指导体育教师将健康教育的理念拓展到学生课外生活中。

（二）指导案例

【课程047】课程标准中的健康知识体系梳理与教学

【内容要点】

（1）体育教学中的健康知识分类梳理。

（2）课堂中教授健康知识的实施途径。

（3）健康知识的教学建议。

【实施方式】专题讲座2课时，案例分析2课时

【课程资源】

（1）余小鸣，陈雁飞，张芯.健康教育教学指导[M].北京：高等教育出版社，2015.

（2）韩兵，芦海棠，韩金明.对体育与健康课程中健康教育内容教学的思考[J].中国学校体育，2020（3）:30—31.

【适应水平】水平一、水平二、水平三、水平四

【课程048】健康教育教学能力强化

【内容要点】

（1）健康教育的常见途径与教学方法：传统健康教育教学方法与参与式教学方法。

（2）体育与健康课程中健康教育的教学形式：结合、融合与并行关系下的健康教育教学。

【实施方式】专题讲座4课时，案例分析2课时，小组研讨2课时

【课程资源】

（1）余小鸣，陈雁飞，张芯.健康教育教学指导[M].北京：高等教育出版社，2015.

（2）韩兵.中小学健康基础知识的特点与教学对策[J].体育教学，2018（3）：42—44.

【适应水平】水平一、水平二、水平三、水平四

【课程 049】拓展学校健康教育的途径与方法

【内容要点】

（1）多种途径巩固健康教育成效的方式。

（2）开展专题讲座，举办专题活动，鼓励学生通过多种途径自学，倡导社区和家庭配合。

【实施方式】小组研讨 4 课时

【课程资源】

（1）余小鸣，陈雁飞，张芯 . 健康教育教学指导 [M]. 北京：高等教育出版社，2015.

（2）白晓彤 . 美国现行小学健康教育教材研究 [D]. 烟台：鲁东大学，2019.

【适应水平】水平一、水平二、水平三

第五节 体育品行强化指标培训课程研制

一、教育因素关联

（一）指导目标

1. 在体育教材分析时，清晰不同运动项目常见与独特的品行强化教育因素。

2. 在不同教学设计中，写出具有项目特性的课时与单元品行强化情感目标。

3. 在不同教学环节里，设计融入真实情境的单一与组合品行强化教育活动。

（二）指导案例

【课程 050】不同运动项目的常见与独特体育品行强化教育因素挖掘

【内容要点】

（1）田径类、体操类、球类、民传类、新兴类、冰水类运动项目的体育品行强化教育因素挖掘。

（2）集体主义、顽强拼搏等常见体育品行与球类的角色分配、器械体操的情绪体验等独特体育品行强化教育因素的差异区分。

【实施方式】分组研修与分享 4 课时，专题讲座与交流 4 课时

【课程资源】

（1）张庆新，张锋周，韩金明 . 心理健康与社会适应从《课标》文本、项目因素到体育课堂的教学路径 [J]. 中国学校体育，2016（1）：14—15.

（2）毛振明，于素梅 . 体育教学内容选编技巧与案例 [M]. 北京：北京师范大学出版社，2009.

【适应水平】水平一、水平二

【课程051】不同教学设计中体育品行强化情感目标的呈现

【内容要点】

（1）不同运动项目的课时、单元教学设计中体育品行强化情感目标的呈现。

（2）单一运动项目的多个体育品行强化教育因素，单个体育品行强化教育因素附着在多个运动项目的特性厘清。

【实施方式】作品分析与分享4课时，专题讲座与交流4课时

【课程资源】

（1）陈雁飞.中学体育教学设计100例[M].北京：高等教育出版社，2011.

（2）陈雁飞.小学体育教学设计100例[M].北京：高等教育出版社，2012.

【适应水平】水平一、水平二、水平三

【课程052】不同教学环节的体育品行强化教育情境活动设计与组合运用

【内容要点】

（1）队列队形、技术学练、游戏比赛、课课练等主要环节体育品行强化教育情境活动的设计。

（2）基于运动项目和体育品行强化教育因素的不同视角，反思各类教育活动组合搭配。

【实施方式】作品分析与分享4课时，专题讲座与交流4课时

【课程资源】

（1）余小鸣，陈雁飞，张芯.健康教育教学指导[M].北京：高等教育出版社，2015.

（2）张庆新.基于项目特性创设真实情境的高中体育课堂教学[J].中国学校体育，2017（11）：30—32.

【适应水平】水平一、水平二、水平三

二、学生品行关注

（一）指导目标

1.了解学生体育品行的常见特征，在体育课堂上注意观察学生的品行表现。

2.掌握学生体育品行的评价方法，在教学过程中准确判断学生的品行状态。

3.采取学生体育品行的干预措施，在延伸教育中引导学生形成良好的品行。

（二）指导案例

【课程053】学生常见体育品行表现特征与课堂观察

【内容要点】

（1）学生意志品质、情绪、合作意识、体育道德方面的常见特征。

（2）学生在体育课堂上的各类体育品行表现与课堂观察方法。

【实施方式】分组研修与分享3课时，现场观摩与交流3课时，专题讲座与交流2课时

【课程资源】

（1）陈雁飞.新课标视域中的"培养坚强的意志品质"目标解读与教学方略思考[J].中国学校体育，2012（9）:27—29.

（2）陈雁飞.新课标视域中的"学会调控情绪的方法"目标解读与教学方略思考[J].中国学校体育，2012（10）:22—23.

【适应水平】水平一、水平二

【课程054】学生积极与消极体育品行表现的反应判断与评价

【内容要点】

（1）学生积极体育品行表现的正确反应判断，消极体育品行表现的正确反应判断。

（2）学生的合作竞争、坚韧自信、规则文明、情绪角色等体育品行表现的科学评价。

【实施方式】现场观摩与交流4课时，课例与作品分析2课时，专题讲座与指导2课时

【课程资源】

（1）陈雁飞.新课标视域中的"具有良好的体育道德"目标解读与教学方略思考[J].中国学校体育，2012（12）:21—23.

（2）陈雁飞.新课标视域中的"形成合作意识与能力"目标解读与教学方略思考[J].中国学校体育，2012（11）:26—27.

【适应水平】水平二、水平三

【课程055】学生体育品行的干预措施与行为引导

【内容要点】

（1）采取语言、物质、练习次数等奖惩措施进行干预。

（2）引导学生在体育活动与生活中形成良好的体育品行。

【实施方式】现场观摩与交流4课时，课例与作品分析2课时，专题讲座与指导2课时

【课程资源】

（1）张庆新."体育品德"教学能力的分层的诊断与提升策略[J].中国学校体育，2020（8）：44–46.

（2）王海敏.学生不良体育品德的成因及矫正[J].学周刊，2014（10）:52.

【适应水平】水平二、水平三、水平四

三、课堂教学融合

（一）指导目标

1.知晓项目、学情、课堂三要素的体育品行强化结合点，实施融合式教育。

2.捕捉体育课堂教学实施中学生体育品行强化教育时机，调整教学的进度。

3.掌握语言提示、心理暗示、情境体验等品行强化方法，选用擅长的方法。

4.制订诊断不同学生体育品行强化教育效果的评价量表，把握教育的分寸。

（二）指导案例

【课程 056】运动项目、学情、教学环节的教育结合点与融合实施

【内容要点】

（1）比较分析运动项目、学情、教学环节三要素，寻找三者的体育品行强化教育结合点。

（2）在体育课堂教学实施中呈现体育品行融合式教育的方式与方法。

【实施方式】现场观摩与交流 4 课时，课例与作品分析 2 课时，专题讲座与指导 2 课时

【课程资源】

（1）中国教育学会体育与卫生分会.第七届全国中小学体育教学观摩展示活动综述（摘登）[J].中国学校体育，2017（8）：11—13.

（2）刘国钊.体育品德形成过程的心理学分析[J].河北体育学院学报，2005（1）：9—10.

【适应水平】水平二、水平三

【课程 057】教学实施中体育品行强化教育时机的捕捉与利用

【内容要点】

（1）教学实施中体育品行强化的教育时机出现点与捕捉方式。

（2）适时利用教学资源与调整教学进度实施体育品行强化策略。

【实施方式】现场观摩与交流 4 课时，课例与作品分析 2 课时，专题讲座与指导 2 课时

【课程资源】

（1）陈雁飞，潘建芬.农村体育名师实用技法研究[M].北京：首都师范大学出版社，2014.

（2）崔九兰，王勇慧.论体育教学中的体育品德培育[J].山西师大体育学院学报，2000（2）：30—32.

【适应水平】水平三、水平四

【课程名 058】体育品行强化方法的选用

【内容要点】

（1）语言提示法的选用要点与案例分析。

（2）心理暗示法的选用要点与案例分析。

（3）情境体验法的选用要点与案例分析。

（4）体育激励法的选用要点与案例分析。

（5）情感渲染法的选用要点与案例分析。

【实施方式】现场观摩与交流 4 课时，案例与作品分析 4 课时

【课程资源】

（1）王晖，季浏．体育隐性课程内容身心健康效应个案研究报告 [J]. 山东体育学院学报，2013，29（3）:92—97.

（2）耿慧．论体育教学中的品德教育及意志培养 [J]. 中国培训，2017（8）：200.

【适应水平】水平二、水平三、水平四

【**课程 059**】体育品行强化教育效果的衡量尺度与应对分寸

【内容要点】

（1）诊断不同学生体育品行强化教育效果的评价量表案例与实操。

（2）针对不同的学生、不同的场合，把握体育品行强化的教育分寸。

【实施方式】现场观摩与交流 3 课时，案例与作品分析 3 课时，专题讲座与指导 2 课时

【课程资源】

（1）毛振明．中学体育教师专业能力必修 [M]. 重庆：西南师范大学出版社，2012.

（2）毛振明．小学体育教师专业能力必修 [M]. 重庆：西南师范大学出版社，2012.

【适应水平】水平三、水平四

第四章 农村中小学体育教师培训需求精细调研

为确保培训质量，有效落实培训目标，认真做好学员基本情况和培训需求调研是做好培训的首要基础。通过调研，主要解决这次培训的对象是谁、我们如何看待培训对象、学员的困惑与需求是什么、学员的奋斗目标是什么等问题。确定培训需求是培训组织工作的起点，也是进行有效培训的必要前提。有效的体育教师培训须解决的首要问题是"为什么培训"。

一、需求调研的视角

从培训的组织和实施看，需求调研主要是了解学员的起点，诊断学员现有水平和个体差异，为培训方案的策划和培训目标的确定寻找依据，因材施教、调整计划，增强培训的针对性与实效性。从培训者的角度看，需求调研是要了解学员的基本情况，了解学员的实际需求与教学困惑，了解学员的奋斗目标。从学员的角度看，需求调研是帮助学员梳理工作中的收获与疑问，了解自己与本次培训目标的距离，督促自己制定培训的目标，进而制订适合自己学习和发展的计划。

二、需求调研的目的

了解基本的信息，清楚基本的情况，得出科学的结论，为各种政策性内容提供依据，作为培训方案研制的起点；定位准确的培训目标，设计具体的培训课程，选取合理的授课教师，采用多样的培训形式，满足需求；在培训实践中、实施后作为检验方案、课程等的设计和理论。

三、需求调研的途径

可在培训前期、培训报到当天、培训过程中和培训后期，设计培训调查问卷，了解培训学员的需求和问题。培训前期获取培训学员的相关信息后，可选择一部分具有代表性的学员进行电话交流，通过电话了解学员的基本信息与培训需求。可通过网络平台或微信公共账户平台建立群组，针对培训主题和培训目标展开培训需求的网络交流。

四、需求调研的分析程序

培训项目须从追问"项目启动的背景和意图是什么"出发，把握项目背景，开展培训需求分析，明确培训目标，如图 4-1 的需求分析程序。

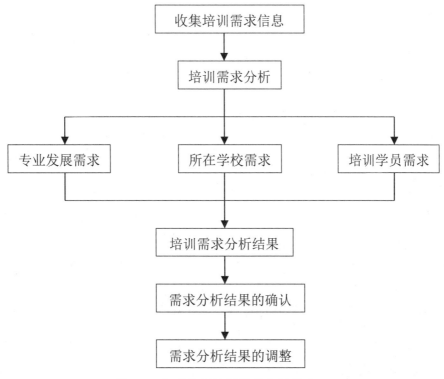

图 4-1 体育教师培训需求分析程序

2016年12月，教育部教师工作司印发《教育部教师工作司关于实施教育部—联合国儿童基金会"创新性教学与教师培训项目"及"学校体育与体育教师培训项目"（2016—2020）工作的通知》。在深度思考《中共中央国务院关于加强青少年体育增强青少年体质的意见》和《国务院办公厅转发教育部等部门关于进一步加强学校体育工作若干意见的通知》的内容与精髓的基础上，为全面理解、落实教育部—联合国儿童基金会"学校体育与体育教师培训项目"，获取农村学校体育工作的情况与推进方式，分析学生体质健康水平的状况与提升途径，提升体育教师的体育课堂教学与课外体育活动能力，项目技术单位北京教育学院和首都体育学院深入云南弥勒、广西忻城、贵州盘州、辽宁本溪、重庆忠县、山东曲阜六个项目县进行实地调研与对比研究，深度思考如何构建更有实效的、发展的、创新的、领创的，体现项目县农村学校体育教育和体育活动质量提升的系列工作举措，确保项目县体育课程满足国家标准要求。具体各项目组的基线调研结果如下所述。

第一节　云南弥勒农村中小学体育教师培训前期的基线调研

一、调研背景

弥勒市地处云南省红河哈尼族彝族自治州北部。北依昆明市石林县、南接红河州开远市、东邻文山州丘北县、西连玉溪市华宁县，处于滇中滇南两个经济区的接合部，是红河州的北大门。市境南北长约78公里，东西宽约50公里，面积4004平方公里。

据2012年统计数据显示，弥勒市办有各级各类学校263所，其中幼儿园57所、普通小学181所、普通中学19所、中等职业技术学校5所、特殊教育学校1所。各级各类学校在校生94316人，其中幼儿园485个班15143人，入园（班）率88.8%；普通小学1329个班43690人，适龄儿童入学率99.71%，小学辍学率0.7%；普通初中401个班21241人，毛入学率100%，辍学率1.4%；普通高中178个班9293人，中等职业技术学校学生4930人，高中阶段毛入学率75%；特殊教育学校在校生19人。弥勒市各级各类学校在职教职工5762人，专任教师5082人，其中幼儿园专任教师334人、小学专任教师2660人、初中专任教师1264人、高中专任教师640人、中职专任教师179人、特殊教育学校教师5人。拨付义务教育公用经费2840.34万元，农村中、小学生人均公用经费分别是700元和500元。弥勒市的中、高考成绩据红河州前列。

综上所示，弥勒是一个处于山区接合部，交通位置重要，经济发展平稳，教育整体状况良好，中高考成绩优秀的地区。

二、调研宗旨和目的

此次调研的重点是"弥勒市中小学学校体育现状与专兼职体育教师培训需求"，同时调研项目县体育教学是否满足国家课程标准要求。旨在通过培训帮助农村体育教师健康幸福工作，引导农村体育教师真正顺畅实施体育教学和课外体育活动，将体育学科功能与价值真正转化与运用到学校体育教育与学生体质健康上。

三、调研方法

此次调研主要采用县局领导访谈，学校领导访谈，体育教师访谈与基本功测试，学生体质测量及访谈，学校场地器材数量与种类调查，学校体育课、课间操及大课间活动的观察等方法对弥勒市学校体育情况进行深入了解。

表4-1 调研学校的基本信息

日期	学校	类别
4.11	五山乡中心小学	中心校
	虹溪镇招北小学	村级教学点
4.12	西一镇中心小学	中心校
	竹园中学	初中校
4.13	弥东中学	九年一贯制
	西三镇希望学校	初中校

此次调研共对 6 所学校的校长（主管副校长）、7 位专职体育教师、12 位兼职体育教师进行访谈。对 19 位体育教师进行自己擅长项目和立定跳远的测试，对近 60 名学生进行体质与运动技能测试与访谈。

四、主要发现

（一）专兼职体育教师统计数据分析

弥勒市义务教育阶段学校共 36 所，其中公办学校 31 所，私立学校 5 所；完全中学 4 所，九年一贯制学校 2 所，初中校 15 所，小学教学点 165 个。弥勒市义务教育阶段专兼职体育教师 908 人，其中专职教师 119 人，兼职教师 782 人；男教师 578 人，女教师 327 人；研究生 1 人，本科 319 人，专科 476 人；中高 65 人，小高 514 人；教龄 20 年以上的 427 人。通过数据分析可知，在弥勒市体育教师当中，兼职教师占绝大部分，以男教师为主，学历以专科最多，其次是本科，小学高级人数占总人数的一半，教龄 20 年以上的教师占多数。总的来说，弥勒市专兼职体育教师不论从数量、学历上看都是不足以满足教学需要的，而且教师年龄整体偏大，教学活力不足。

（二）市局领导访谈分析

根据调研安排，项目组对弥勒市教育局主管体育的科长杨金泳进行访谈，主要涉及弥勒市学校体育工作开展情况、民族民间特色体育项目、体育教师队伍建设，以及对于培训项目的期望等方面。

通过调研得知，当地学校体育工作开展在时间上比较充分，小学每星期四节体育课，中学三节。但结合之后对学校访谈可知，学校对于体育工作的投入不够深入和具体，只是流于形式，缺乏具体的效果。当地民族民间特色体育项目做得比较丰富，如阿细跳月、阿哲大跳、摔跤等彝族特有的体育项目在部分小学和中学开展，甚至成为特定项目传统校。

体育教师虽然具有吃苦耐劳、听指挥、爱学习的特点，但也存在见世面少、专业能力不强、管理能力不足等问题，并且在当地学校教育中未能发挥重要作用。体育教师很少在学校中受到重视，绩效工资最低，职称晋升比较困难，教师的积极性不高。小学阶段兼职教师较多，多为教非所学，专业技能退化甚至荒废，并且存在焦虑浮躁等问题。由于是教非所学，目前所教科目教学效果并不好，教不精，抓不住重点。

当地多年来没有组织过体育教师的集中和系统培训，教师的教研能力无从发展，教学水平的提高缓慢甚至停滞。杨科长对于此次培训的期望是能够指导教师教学，告诉教师应该怎么上课，应该教哪些内容；请专家实地授课，并对当地教师的授课进行指导；加强培训指导的连续性。

（三）学校领导访谈分析

项目组依据"县局调研—学校观听—教师访谈—学生体测"的思路具体开展调研。先后走进了 6 所学校，其中 3 所小学，3 所中学，有中心校，有村小。所有学生全部住校，涵盖了多个民族，因而传承民族体育文化成为这一地区体育文化特色。

此次调研，分组分层同时进行，校长访谈调研主要从课程设置计划、教师定期培训、体育专岗专职、课外活动实施、阳光体育一小时活动的落实展开调研。具体调研结果如下。

五山乡中心小学 16 个教学班，每班 50 名学生，770 多名学生，校长介绍，这所学校是一所少数民族学校，是乡镇中教学最好、人最多的学校，把"承担育人重任"作为自己的追求。该校女子乒乓球曾获市级比赛第三名，男子足球曾获市级第四名。该校按照要求开足课时，由于学校场地小，要 7 个班同时上课；有专兼职体育教师，体育学科课时费与主课一致；能够支持教师培训，每年保障经费 6‰；大课间有民族特色，无校内教研，每天一小时无法落实。

招北小学 7 个教学班，180 名学生，15 名教师，无专职体育教师，不会使用器材，未开齐体育课程，未落实每天一小时，体测合格率为 99.7%，有市级监控，但体育专业教师承担数学教学。

西一镇中心小学，是一所完全小学，12 个教学班，518 名学生，只有一名专职体育教师，课表都体现了开足课时和落实阳光体育一小时的工作。摔跤是该校的亮点体育工作，为专业队输送了多名人才，还有世界冠军。每年都有运动会，冬季运动会时间长达一个月，场地较好，体操器材充裕，体测合格率较高，教师有大学科教研活动，大课间活动每天都有不同安排。

竹园中学，坐落在历史悠久的一所学堂内，文化底蕴丰厚。该校是一所初中校，24 个教学班，每班每周三节体育课；体育教师全部专职，教师年龄偏高，教学理念保守，拒绝新鲜事物，教学内容基本以考试内容为主。每天从第三节课开始就有体育课了，体育教师校级固定培训有保证，市级每学期一次。体育工作由教务处主管，大课间不能落实，哪个年级有考试，哪个年级有大课间。体测合格率为 97%。一小时活动采用以赛代练的方式，普及率极低。

西三学校，是一所九年一贯制学校，全部住宿。当地是文体之乡，因此该校足球竞赛曾获市级冠军，篮球市级第四。体育场地规范，有即将落成的环形跑道，课时能够保障开足开齐。初中 11 个班，560 人，教职工 44 人，同时 3 个班在场地上课，教师课时费固定，有课后少年宫课程，但体育项目较少；有总教研组长，定期组织教研活动，有教学评优评价机制；一小时体育锻炼不能落实，当天没有体育课的话，只有半小时体育课外活动。

弥东中学，完整的初中学校，规模较大，27 个教学班，1563 名学生，教职工 102 人，专职体育教师 4 人。初三体育课每周 3 节，初一和初二每周 2 节，阳光体育一小时有第二课堂。篮球、乒乓球、田径是学校优势项目，在市级比赛中均有好成绩。操场同时有 5 个班上课，体育课一般安排在下午，每天的早操制度落实规范，场地、器材条件是调研中最好的一所学校。保证每位体育教师一年的服装费，1500元。校长喜爱体育运动，经常和师生一起打篮球，有示范引领作用，有愿望把体育作为办学特色，是唯一在谈话中关注学生心理健康的一位校长。

上述六所学校存在的共性问题为：教师的流动性大，专职体育教师的匮乏成了阻碍学校体育发展的最大困难；开足课时、落实每天一小时体育活动等规范情况不佳；迫于学科考试压力，有体育让路现象；兼职教师体育认识普遍较低，基本体育能力较差。

（四）体育教师访谈及基本功测试分析

调研结果显示，7位专职体育教师除1人是退伍军人外，其他6人都是体育专业学校毕业，都拥有相应的本科学历，具备一定的教育教学能力，能达到体育教师一专的要求，但有的教师对多能的要求还相差甚远。12位兼职体育教师都身兼多职，是学校教师队伍中的体育爱好者和体育骨干，多数在某一球类项目上有所擅长，有一定的组织能力，但教学内容选择只能教授自己擅长项目，比较单一。从基本功测试情况看，多数专职、兼职体育教师都能打篮球，仍有部分教师存在基本功较差现象，讲解不够清楚，动作技术示范不准确；访谈中多数教师自己认为短板项目是体操、足球、排球、乒乓球。在个人发展方面，希望有更多的教学实践和技术方面的培训，也希望得到理论方面的提升。在场地器材方面，场地受限，与自己擅长的球类项目器材短缺，有些器材因自身技术不够好或安全问题（如体操器材）而不敢用。具体情况如下：

1.五山乡中心小学

五山乡中心小学现有学生771人，各学科教师共42人；体育教师14人，专职1人，兼职13人。访谈专职教师1人，兼职教师3人。

五山乡中心小学有专职体育教师1名，毕业于云南师大文理学院体育专业，所修专项网球，教龄1年，职称待评，每周体育课课时12节，另外兼上6年级一个班的思想品德课3节和美术2节。自述体育教学内容根据自己的专长来安排，无系统计划，随意性强。篮球教学用球只有两三个，组织教学受限，内容主要是运球、传球、上篮，练习无密度和强度可言。从基本功测试情况看，所测篮球项目基本功较差，讲解不够清楚，动作技术示范不准确；访谈中了解到，教师自己认为短板项目是足球、体操（单杠、双杠）、乒乓球。

兼职体育教师3人，分别是外语、语文、数学教师兼职体育教师。三位教师基本功测试，只有一位外语老师（女老师）比较突出，徒手操示范到位，队列口令较好、清晰，具备体育教师的组织能力，访谈中教师自述所掌握的体育知识源于自己中学时所学；其他两位兼职教师，立定跳远测试动作不规范，动作要领讲解不清楚，体育教学仅是凭借自己对体育的喜爱而带领学生完成一些游戏活动。

访谈中教师对体育教师的职业看法一致，学生的身体健康是第一位，提高学生的身体素质，培育良好的体育品德是体育教学的目标。

2. 虹溪镇招北小学

虹溪镇招北小学现有学生 177 人，各学科教师共 15 人，其中体育教师 3 人，全部是兼职体育教师，其中一人是体育专业毕业，主教数学兼体育。

虹溪镇招北小学体育教师 3 人，一人是红河学院体育系社会体育专业毕业，教龄 6 年，31 岁，二级教师，主教数学。体育课课时三至六年级每个年级一个班 2 节体育课，数学 5 节课，美术 2 节课。体育教学内容，一般以立定跳远、仰卧起坐、跳绳、跑步、篮球为主，无教学计划，系统性较差。

教师对于体育教师职业的看法、要求、目标是：希望发挥自己的体育学科特长，从事专门性体育教学；为人师表，提升体育专业的知识和素质；培养学生健康体魄，让学生掌握一定的体育知识技能。教学中存在的问题和困难是场地器材问题，通常解决的办法是通过网络视频让学生了解不能开展的项目，再就是以传统的不需要器材的跑跳练习为主进行教学，如游戏贴膏药、网鱼等。学校对体育教师在考核方面没有要求。在培训方面希望走出去开阔眼界，在教学方法、技巧、教师基本功、理论知识技能等方面得到培训，尤其是体操、球类的教学方法。

3. 西一镇中心小学

西一镇中心小学现有学生 824 人（四至六年级 518 人 12 个班），各学科教师共 49 人。其中，专职体育教师 1 人，42 岁，教龄 22 年，中学一级教师；兼职体育教师 22 人。

西一镇中心小学的传统项目摔跤很突出，专职体育教师专项摔跤，专业性很强，培养出多名摔跤运动员，输送到上级单位，有运动员在区市乃至全国获得冠军，并有运动员参加世界比赛。

兼职教师分别具备一定体育特长，有喜欢乒乓球的，有喜欢篮球的，在教学中以自己的项目为主。在访谈中了解的情况是：专职和兼职体育教师一致认为从事体育教学一是提升自身的身体素质，二是引领学生锻炼健康体魄。教学中遇到的问题是场地小，器材不足，体操器材基于安全问题不敢用（自身体操能力不足）。在培训方面，专职老师 1994 年接受过脱产培训，2016 年在北京接受培训 13 天，接受的培训很适合自身发展，今后的培训希望在语言方面（他本人是少数民族）得到更多指导。访谈的三位兼职自身素质较好，教学常规、队列练习组织较好，尤其是女教师比较突出。

4. 弥勒竹园中学

弥勒竹园中学现有学生 1287 人，各学科教师共 75 人，其中 4 位专职体育教师（有一名是退伍军人）。

体育教师都热爱体育教育事业，对自身素质的提升有一定的要求；工作目标是尽自己最大努力上好每节体育课，尽管学校对体育教师的考核没有明确标准，但他们克服场地器材等诸多因素，尽量教好每名学生，让学生掌握一定的体育知识技能，争取中考成绩最好。

教师们曾经接受过国家级培训，表示还希望接受更多的脱产有效的培训，走出去、请进来，拓宽自己视野，从教学方法等方面能够理论实践相结合，得到更多的培训机会。不足的地方是教师体操技能、足球技术欠缺较多，尤其体操有器材也不敢用，因为自身能力有限。

5. 西三镇中心学校

西三镇中心学校现有学生 560 人，各学科教师共 41 人，其中体育专职教师 3 名。

三位教师都是体育专业教师，工作能力都很强，基本功也都很好。尤其罗老师很突出，身兼数职，校团委书记，连年校级先进教师，曾教过 8 年的数学课，所带班级数学成绩名列前茅；工作热情高，热爱本职工作，克服场地问题指导足球训练，获得市区比赛第一名；积极主动参与学生各种活动，培养学生的兴趣爱好，提高学生的运动能力；教学中积极动脑，引领学生积极锻炼，能够通过教研活动提高自己的业务水平。三位教师工作目标明确，希望在专业发展中更上一层楼，尽管曾接受过培训，教学论文在市区也获过奖，但还是希望能通过各种培训与时俱进，丰富经验，进一步提升自己的能力，以更好提高学生的身体素质和锻炼意识。

6. 弥东中学

弥东中学现有学生人数 1531 人，各学科教师 82 人，5 名专职体育教师。

该校 5 名体育教师平均年龄 44.4 岁，职称都达中学高级，平均教龄 23.8 年，教师队伍年龄偏大且集中。通过访谈了解，教师平均周课时在 12 ～ 14 节，教学经验都比较丰富，经常组织组内教研活动，统一安排教学内容，并能按教学计划实施教学，完成教学任务，教学内容丰富。教师们认为，尽管自己年龄偏大，但要在教学中克服现代孩子身上的一些问题，如物质文化生活提高，带给孩子的是讲究享乐，缺少吃苦耐劳精神，集体观念淡薄。教师要做好孩子的思想工作，明确身体锻炼的重要性，引领学生从思想观念上转变认识，提升学生的锻炼意识。具体做法是通过教研研讨，提升教师自身素质，相互听课，找出缺点，共同提高。工作目标是根据所教年级学生年龄特点，认真完成教学任务，提升学生的身体素质，培养自我锻炼意识。教学中最大困难是教师自身的伤病问题，有点力不从心，希望通过教研、培训提升自己的理论水平，掌握更多教学方法，引导学生提高自我锻炼能力，养成好的锻炼习惯，培养小组长、体育骨干，以配合教师更好地完成教学任务。

综上所述，在 6 所学校中，两所中学的体育教师师资力量较强，都是专职体育教师，尤其是弥东中学教师各有专长，理论基础较好，教学基本功也较扎实；相比之下，几所小学的体育师资力量较薄弱，兼职教师居多，每所学校只有一名专职体育教师，且身兼多职，教师的体育理论水平、运动能力较弱，体育教学质量保证性很差，需得到更多关注。

（五）学生访谈及体质健康测试分析

1. 学生体育抽样测试情况

本次抽测分别从五年级和八年级随机抽取 5 男 5 女进行测试，抽取样本由负责抽测教师直接进班抽取，选取身高高、中、低不同情况学生。抽测项目为《国家学生体质健康标准》中的两个项目和一个技能项目完成。小学选择一分钟跳绳和仰卧起坐，技能项目为原地投掷沙包；中学选择立定跳远和引体向上（男）、仰卧起坐（女），技能项目篮球或者排球自选。为了能够很好地完成测试，特别制作了便于统计分析的三套表格。本次测试严格按照《国家学生体质健康标准》要求测试，并进行了全程录像。每次测试前都有我们测试教师带领学生做好充分的准备活动，防止运动伤害。测试过程中未出现一例安全问题。

测试后整理数据，其中《国家学生体质健康标准》项目与北京市某区学生体质健康抽测赛成绩做比较，通过数据对比，来找到实际存在的优势与不足，为后面的培训打好基础。

（1）《国家学生体质健康标准》项目基本情况

①小学情况

小学共测试 30 名学生（男 15 人、女 15 人），按照《国家学生体质健康标准》要求测试并赋值，所测学生总平均分 74.9，其中男生平均分 76.6，女生平均分 74.76。两个地区成绩对比，整体水平云南弥勒略低于北京市某区。测试仰卧起坐均分 74.9，其中男生成绩 78.2，女生成绩 72.6。一分钟跳绳均分是 74.9，其中男生为 73，女生为 77.5。从这两项目数据对比我们发现，在一分钟跳绳项目上，北京某区有明显的优势，均分高 20 分左右，特别是男生差距更大，说明当地学生对于技能要求较高的项目比较薄弱。

②中学情况

中学共抽测 30 名学生（男 15 人、女 15 人），按照《国家学生体质健康标准》要求测试并赋值，总平均分 62.4，其中男生平均分 55.67，女生平均分 69.13。两地区数据对比，整体情况北京某区明显高于云南弥勒，均超过 20 分以上，特别是男生分差高达 25 分以上，可见弥勒地区中学男生的体质健康问题更为严重一些，应该引起关注。测试立定跳远均分 74.6，其中男生成绩 80，女生成绩 68.9。男生引体向上为 39.4，女生仰卧起坐为 51.4。对比两个区域的数据我们发现，中学男生的立定跳远成绩相差最小，说明山区孩子的腿部力量比较好，而相反女生的立定跳远差距较大。两地区的引体向上成绩都不理想，压力很大，不容乐观。弥勒地区女生的仰卧起坐成绩与北京地区有 32 分以上的差距，更应该引起关注。

（2）技能项目分析

通过对小学投掷沙包和中学篮球或排球自选技能测试结果分析得知，云南弥勒学生技能状况的问题相比体能情况更为严重，技能学习效果比较差。详细情况如下：

①小学投掷沙包

在这项测试中，学生几乎没有人学过如何投掷沙包，投掷动作不规范，但是孩子的上肢力量很好，投掷距离与城市孩子没有显著区别，甚至略有提升。访谈中也得知，孩子没有系统学习过投掷技术。但是小学阶段孩子活泼好动，只要有一定的场地器材，学生自发的活动欲望很强，但是技能教学的缺失会给中学阶段留下体育学习隐患，在中学生不再喜欢自主参加运动的情况下，体能、技能可能都会明显下降。

②中学篮球或排球

在这项测试中，选择的测试内容均为当地中考体育的项目。由学生自己选择，选择篮球的孩子更多，篮球的技术掌握比较粗糙，明明可以上篮，却变成篮下投篮，走步违例现象比较严重。这些问题与考试的要求不够严格有关，但是篮球整体效果满意。竹园学校学生选择了排球垫球，与考试项目还是有所差距（云南省体育中考项目为垫传结合），但是学生掌握情况很不理想，10 名参加测试学生自垫球均不能达到 10 次，并且有明显屈肘等易犯错误发生。通过了解发现弥勒中考项目设计相对更为科学，但是考试操作比较随意，影响了中考体育的实效性。

2. 学生访谈情况

本次调研共随机选择了 19 名学生进行访谈，其中男生 9 名，女生 10 名。访谈围绕着学校体育展开，为了让学生能够放松地与访谈教师交流，我们首先自我介绍，聊一些生活的话题让学生放松，并送给学生一些小礼物，让学生能够敞开心扉与我们交流。交流的结果如下：

在每周课时上，有一所学校只有 1 节体育课，两所学校 2 节体育课，两所学校 3 节体育课（符合课程要求），一所学校 4 节体育课（超出课程要求）。课上素质练习、游戏球类等活动。可以看到学校之间差异很大。

有两所学校 30 分钟以上自由活动，两所学校 20 分钟自由活动，两所学校几乎没有自由活动。可见，放羊课还是比较普遍。

小学生均选择"喜欢体育课"，理由是能够游戏、运动；中学男生 60% 选择喜欢，因为能打篮球，40% 一般，因为比较累；中学女生 40% 喜欢，60% 不喜欢，理由是太累了。由此可见，随着年龄的增长，学生对体育活动的热情和主动性有所下降。

6 所学校均无健康教育内容，室内课一般自习或者看录像。由此可见，健康教育的问题比较突出。

两所学校平均每天参加体育锻炼时间为 20 分钟左右，两所学校 40 分钟左右，均没有有组织的课外体育活动。学生课余时间都愿意参加体育活动。由此可见，早操、课间操比较普遍，课外体育活动几乎没有，应该引起关注。

对参加体育锻炼的目的，学生提及强身健体、健康、提高免疫力、心情愉悦，但是均没有提到体育的意志品质方面，有些遗憾。由此可见，学生对体育的认识还比较片面，应加强体育精神的学习和渗透。

所有学生均不知道《国家学生体质健康标准》，相关项目有过随堂测试，但未公示成绩。

在"对自己的体质健康状况满意吗"调查中，20% 学生满意，80% 学生选择不满意，都希望自己可以跑得更快、跳得更远，篮球打得更好。由此可见，体育教学的空间还很大，任重道远。

在家长对体育锻炼是否支持的问题上，所有学生均选择家长支持，只有20%的学生和自己家长一起锻炼过。由此可见，家长还是愿意孩子多参加体育活动，但是家长自身的锻炼意识并不强。

学生比较喜欢微笑、有方法、愿意交流、健壮、技能特别棒、能跟学生一起活动的体育教师，也有5名学生选择严厉的体育教师更受学生欢迎。

（六）场地器材、大课间、体育课、课外活动观摩分析

1. 场地情况

表4-2 六所调研学校的场地情况

	五山乡中心小学	虹溪镇招北小学	西一镇中心小学	西三镇中学	竹园中学	弥东中学
班级数量（个）	16	7	12	11	24	27
田径场	无	无	无	150米正在修建	无	250米
篮球场	1	1块标准场，6块小场地	2（灯光）	2	2	6
器械体操区+游戏区	100平方米	200平方米	200平方米	150平方米	200平方米	200平方米

6所学校均有篮球场地，只有弥东中学有一块250米左右的环形跑道。乒乓球场地，小学两所学校有6个，一所学校7个；中学两所分别是7个和10个，一所学校是依山而建，没有乒乓球台。六所学校均有联合运动器场地，五山乡中心小学和西一镇中心小学的锻炼器材，由于学校正在基建或者修理操场，没有投入使用，其余学校的场地课间均有学生活动。

但6所学校班级数量依次是7个班、1个班、12个班、6个班、24个班、27个班，根据班级和学生人数可以看出：学生活动的场地显然是不够的，而且有两所学校的小足球场地和篮球是共用一块场地，五人制的足球门用的时候则临时安装在篮球场上。4所学校的场地为硬化地面，其中包括田径场地；2所学校的联合运动器场地用胶皮垫铺设。4所学校的篮球场均在活动场所（操场）中间，只有竹园中学和弥东中学两所学校的篮球场地和教学区域分开。6所学校均没有跳远、铅球、羽毛球、跳高等场地。

2. 器材情况

表 4-3　六所调研学校的器材情况

器材	五山乡中心小学	虹溪镇招北小学	西一镇中心小学	西三镇中学	竹园中学	弥东中学
接力棒	3	0	30	30	20	10
跨栏架（中）、小栏架或转圈架（小）	0	0	0	0	13	10
发令枪	1	0	2	1	1	4
标志杆（筒）	0	0	20	0	6	4
秒表	7	0	4	3	0	8
跳高架	1	0	2	3	1	4
跳高横杆	3	0	0	3	6	12
山羊	0	0	2	6	1	2
跳箱	1	0	0	3	2	2
助跳板	1	0	3	3	4	4
垒球	0	0	30	0	0	0
实心球	5	0	25	50	29	10
皮尺	2	1	3	2	2	4
大体操垫	10	4	大的6块，中的10块	8	20	16
小体操垫	15	20	60	200	58	50
双杠（中）、投掷靶（小）	0	5个双杠（3小、2大）	2	修建场地拆除	双杠6	4
低单杠	1	2	2	修建场地拆除	0	4
高单杠	0	0	0	修建场地拆除	2	4
平梯	0	0	0	修建场地拆除	1	1
肋木	0	4	0	修建场地拆除	3	12
剑或刀（中）	0	0	60	0	60	2箱
拔河绳（中）、爬杆或爬绳（小）	0	0	3	2	4	6
棍（中）	0	0	0	0	0	0

续表

器材	五山乡中心小学	虹溪镇招北小学	西一镇中心小学	西三镇中学	竹园中学	弥东中学
短跳绳	0	30	12	100	0	600
长跳绳	0	0	12	8	0	3
（小）篮球	0	21	60	60	35	61
（小）篮球架	5（2大1小）	2	8	2	4	12
（小）足球	2（发放到各班）	0	12	30	50	60
（小）足球门	2	0	2	2	0	0
软式排球	0	0	0	20	30	30
排球架	0	0	0	0	2	2
乒乓球台	6	7		10	0	7
乒乓球拍或羽毛球拍	6	10	20	40	乒乓球拍20，羽毛球拍40	20
乒乓球或羽毛球	下发	0	60	100	150	120
乒乓球或羽毛球网架	2	0	0	0	2	7
高双杠（中）、毽子（小）	0	0	毽子50个	修建场地拆除	毽子20个	2
铅球（中）、小沙包（小）	2	0	80	0	44	20
肺活量测试仪	2	0	2	2	2	4

6所学校中，均有专门存放器材的房间。竹园中学的器材采用专人管理，摆放整齐有序。5所学校中有两所学校由于修建操场和新旧校区的建设，所有器材只是临时存放，摆放比较凌乱。其中，小栏架、起跑器、标志杆、标志桶等田径器材均比较缺少。需要特殊说明的是跳高架和海绵包等器材，6所学校由于操场的原因几乎都没有使用。由于是硬化场地所以带钉子的起跑器均不能使用。3所小学只有五山乡中心小学有两个铅球，西一镇中心小学25个实心球和30个小垒球，但也是由于操场所限很少使用。大体操垫子、小体操垫子每个学校的配备与其班级数量相比均缺乏，从磨损的程度可以看出利用率比较低。单杠、双杠、肋木、联合运动器等器材每个学校都有专用的场地，在课间的利用率较高，这一点在小学比较明显。6所学校篮球的利用率非常高，破损严重，已经不能够满足一个班的教学使用。6所学校足球场地均和篮球场地一起使用，其中只有两所学校有两个五人制的球门。小学无软式排球，中学配有正规的排球。有2所学校配备了棍和刀剑武术器材，但由于没

有专业教师，所以没有使用。6 所学校均没有体育课专用的播放设备，如录音机等。

6 所学校的篮球场地、乒乓球场地、操场及部分联合运动场地均为硬化地面，而且均没有铅球场地和跳远场地。因此，建议学校根据实际情况对跑道和联合运动场地进行软化处理。由于班级多、场地少，几个班同时上课的现象比较严重，可以采用所有教学班统一规划教学内容和教学地点、班级互动等形式进行教学。田径场地、投掷场地、跳远场地缺乏，建议教师可以采用分解技术教学方法，如采用原地高抬腿跑、后蹬跑等练习田径，利用投掷纸飞机练习投掷的技术，利用大垫子练习跳远，等等。关于体操、球类项目方面，可以采用分组轮换的形式充分利用现有的场地，如一个班先练习体操项目，另一个班练习篮球，然后交换。足球和排球也是利用类似的方法。此外，还可以将篮球框装在操场四周的高墙上练习投篮，足球门靠墙安装供学生练习射门。总之，场地小、器材少，可以通过教学方法的灵活运用、场地的合理设计、器材的一物多用等方法尽量弥补。

3. 大课间情况

本次调研观看了 3 所学校的大课间活动，具体情况如下：

（1）民族特色鲜明，民族与现代结合

3 所学校均展示了极具民族特色的大课间，阿细跳月、阿哲大跳、彝族霸王鞭等带有浓厚的民族风格。学生在欢快的音乐中翩翩起舞，尤其是在鲜艳的民族服装的衬托下更使人感到民族传统体育的魅力。此外，五山乡中心小学的大课间除了民族特色突出，民族舞蹈加现代的兔子舞也是其一大特色。

（2）充分利用现有的场地和器材

通过和学校相关领导交流，了解到由于学校场地有限，所以大课间的时候学生充分利用所有活动区域和器材。

（3）每天一个主题

通过与 3 所小学的领导和学生访谈得知，学校周一到周五，每天课间操活动的主题都有所不同，如周一周二是武术操和功夫扇，周三是民族舞蹈，周四是跳绳，周五是跑步。

建议课间操适当增加学生的练习强度。通过抽测，学生在跳完民族舞时的脉搏每分钟 90 次左右，因此建议根据学生能力适当增加一些练习的强度。大课间安排项目要更加合理、具体，如每个班活动什么项目、在什么地点、谁负责等。

4. 体育课情况

本次调研观看了中学和小学两节体育课，上课的两位教师均为专职体育教师。情况如下：

（1）中小学专职体育教师

小学生的专职体育教师非常有限，而且一般都是兼职体育教师上体育课；中学一般能够做到专职体育教师上体育课。

（2）基本功与专业技能

从教师自身素质来讲，能够胜任体育教师。但是从教态、口令、讲解、示范等方面来讲需要更加规范。单纯从两节课来看，中学的体育教师要好于小学体育教师。这与小学多为兼职体育教师上体育课有很大关系。

（3）教学安排随意性比较大

小学体育课的教学内容基本是根据教师掌握的运动项目而定，没有统一的教学计划和安排。教师基本能够完成一节课的教学，但是技能目标、重点难点、练习密度、强度等均需要进步提高。中学略好于小学，这与中考体育项目有一定的关系。

建议增加小学专职体育教师数量，做到专业对口；对专职和兼职的体育教师进行教学设计和课堂教学实践能力的培训；为体育教师提供一些适合他们现有水平的教学用书，尤其是小学体育教师要配全教师用书。

五、结论与建议

（一）结论

在弥勒市体育教师当中，兼职教师占绝大部分，教师性别以男教师为主，学历以专科最多，其次是本科，小学高级人数占总人数的一半，教龄20年以上的教师占多数。总的来说，弥勒市专兼职体育教师不论从数量、学历上看都是不足以满足教学需要的，而且教师年龄整体偏大，教学活力不足。

教育局对于学校体育工作抓得不够紧。由于教育局主管体育的领导和干部数量不足，非学校体育事务繁重，无过多精力对学校体育工作进行全面监管，使得学校体育工作表面看起来比较到位，实际却有很多不足。缺乏提升体育教师教学能力的相关计划和措施，多年来未组织过对于体育教师的培训和教研活动，致使体育教师教学能力无从提高。

当地少数民族人口较多，学校当中少数民族相关体育活动较为丰富，这是学校体育当中的一大亮点。

体育教师在当地不受重视，甚至没有基本的教学考核，在绩效工作或者职称评定等相关方面，体育教师都要往后靠，甚至没有参评的机会。

通过对学校领导的访谈得知，学校领导对于体育工作的认识存在差异，有3所学校教师对于学校体育工作的认识比较到位，能够给予体育教师一些支持。但是由于校长并非体育专业出身，对于体育的理解不够深刻和全面，因此对于学校体育工作的支持更多是体现在面上，实质的和有针对性的支持不多见（只有一所学校能够达到）。

被访谈的19名中小学专兼职体育教师中，共有7位专职体育教师，除1人是退伍军人外，其他6人都是体育专业学校毕业，都拥有相应的本科学历，具备一定的教育教学能力，能达到体育教师一专的要求，但有的教师对多能的要求还相差甚远。12位兼职体育老师都身兼多职，是学校教师队伍中的体育爱好者、体育骨干，多数在某一球类项目上有所擅长，有一定的组织能力，但教学内容选择只能教授自己擅长项目，比较单一。从基本功测试情况看，有部分教师存在基本功较差现象，讲解不够清楚，动作技术示范不准确。访谈中多数教师自己认为短板项目是体操、足球、排球、乒乓球，希望有更多的教学实践和技术方面的培训，也希望得到理论方面的提升。在场地器材方面，场地受限，自己擅长的球类项目器材短缺，有些器材因自身技术不够好和安全问题（如体操器材）不敢用。

学生体质方面，小学生体质健康测试总体水平略低于北京某区，但是技术要求较高的项目比较薄弱，中学生体质健康测试水平明显低于北京某区，尤其是男生。技能项目当中，中小学学生均缺乏专业的技能学习与指导，学生总体的技能水平不高。学生访谈中，不同学校体育课数量安排差异很大，并且放羊课比较普遍，学生对于体育锻炼的热情随着年龄增长在下降，所有学校均没有健康教育的内容，绝大部分学生喜欢经常微笑、有方法、愿意交流、健壮、技能特别棒，能跟学生一起活动的体育教师。

学校活动场地小，仅够进行几个体育项目的教学。器材缺乏，不足以支撑学校体育课教学需求。由于教师专业技能的不足，现有器材使用率低下。

（二）建议

1. 市教育局加强对于学校体育工作的监督和管理，加强对于学校领导有关体育工作的考核。

2. 针对专兼职体育教师自身教学能力当中存在的问题，有针对性地进行培训。对于兼职教师，应从"零"开始，教给他们基本的课堂组织管理方法，提供多种可行、有趣、实用的体育游戏，并指导其应用；进行常见运动项目的技术教学学练；给予运动项目单元设计相关材料；培养教师自主学习和创新的意识。发挥接受培训教师的辐射作用，通过他们的带动，让一批教师能够较为快速地成长起来。

3. 配齐配足常用体育器材，及时更新损坏的体育器材，保证教学的顺利进行。加强教师自制器材的意识，及时补足器材的缺失。

第二节 广西忻城农村中小学体育教师培训前期的基线调研

一、调研背景

2017 年 3 月 20 日至 3 月 24 日，调研组对广西壮族自治区忻城县进行了为期 5 天的调研活动。忻城位于广西中部，是新时期国家扶贫开发工作重点县。全县总面积 2541 平方公里，总人口 42 万人，下辖 6 乡（马泗乡、北更乡、遂意乡、欧洞乡、安东乡、新圩乡）6镇（城关镇、思练镇、大塘镇、红渡镇、果遂镇和古蓬镇），130个村民委（社区）。全县现有普通高中2所，职业技术学校1所，初中5所，乡镇中心小学12所，县实验小学1所，特殊教育学校1所，县直属机关幼儿园1所，乡镇中心幼儿园11所。村级完全小学9所，教学点107个。全县现有在职在编教职工（含特岗教师）共2910人，其中高中270人，初中749人，小学1694人，职校55人，幼儿园75人，特教18人，教科局机关、二层事业单位共49人，特岗教师161人。在职在编教师和特岗教师中，研究生学历4人，本科及以上学历1097人，大专学历1014人，中专（高中）学历及以下526人。全县在园幼儿11286人，完全小学在校生26514人，初中在校生9688人，高中在校生3732人，中职生902人。

忻城县义务教育均衡发展工作于2014年12月通过自治区督导评估，根据《国务院教育督导委员会关于公布2015年全国义务教育发展基本均衡县（市、区）名单的决定》（国教督〔2016〕1号）公布结果，广西忻城县2015年已经基本达到国家对义务教育发展基本均衡的要求。

二、调研宗旨和目的

此次调研是"学校体育与体育教师培训项目"整体设计的一个组成部分，目的是了解忻城县学校体育现状，包括体育课、课间操及大课间活动开展情况；了解当地学校领导对学校体育的重视程度和有效举措；了解体育教师的工作状态、教学基本功及遇到的困难；了解当地的学校体育场地器材现状，为进一步有效培训提供参考意见；了解学生体质健康状况，为他们提供健康快乐成长的环境和条件。

三、调研对象及方法

此次调研主要采用县局领导访谈，学校领导访谈，体育教师访谈与基本功测试，学生体质测量及访谈，学校场地器材数量与种类调查，学校体育课、课间操及大课间活动的观察等方法对忻城县学校体育情况进行深入了解。

我们调研的对象有两类：一类是位于乡镇的中心校和初中，一类是位于村里的教学点。我们走访了5个乡镇（忻城县共有12个乡镇）8所学校，其中位于乡镇的中心小学3所（忻城县共有中心小学12所，实验小学1所），位于乡镇的初中2所（忻城县共有初中5所），位于村里的教学点3所（忻城县共有村级教学点107个）。具体调研对象见表4-4。

表4-4 忻城县调研学校及类别一览表

乡镇名称	学校名称	类别
思练镇	思练中学	初中校
	思练镇中心小学	中心校

续表

乡镇名称	学校名称	类别
大塘镇	大塘镇中学	初中校
	大塘镇中心小学	中心校
北更乡	北更乡中心小学	中心校
	北更乡龙门小学	村级教学点
红渡镇	红渡镇六蝶小学	村级教学点
城关镇	城关镇江平小学	村级教学点

此次调研共对 8 所学校的校长（主管副校长）、35 名专兼职体育教师和近 100 名中小学生进行了访谈。

四、主要发现

（一）县局领导访谈及发现

根据调研安排，原计划与忻城县教育局领导进行会谈，但由于新局长刚到任不足半月，对很多情况不是很了解，加上刚到任，工作比较繁忙，就没有安排与调研组会面。这也是此次调研中较为遗憾的事情。

（二）学校领导访谈及发现

根据调研安排，我们对 8 所学校的校长（主管副校长）进行了访谈。访谈的主要内容有：学校体育课时达标问题，学校体育课的时间、场地安排问题，体育教师参加培训情况，学校的教研活动内容与形式，大课间活动安排及特色，学校课外体育活动情况，每天锻炼一小时情况。面对这些问题，只有 1 所学校的校长有较为清晰的认识，其他学校的校长都是体育教师帮忙回答。或许由于语言不通，又或许调研组语速过快，又或许校长（主管副校长）过于紧张，很多问题答非所问。此次调研，调研组考虑到语言不通的问题，特意安排广西师范学院的顾大成副教授和北京教育学院的张庆新博士，以及广西师范学院的研究生李长柄对校长和体育教师进行访谈，在访谈过程中用普通话和南宁话与校长、教师对话，但依然还是答非所问。

1. 学校领导关于体育课时达标问题的访谈

关于体育课时，两所初中校，思练中学和大塘镇中学，思练中学校长说每周安排 3 节体育课（体育教师在旁边），大塘镇中学的校长回答是每周 2 节体育课。调研组通过查看课表、访谈学生了解到，他们没有上过那么多体育课。由此可见，忻城县中学体育课的课时是难以保证的。这一点还要在项目实施过程中通过行政手段干预一下，保证开足开齐体育课。

3所中心小学的校长，思练小学校长明确告诉调研组，因为师资数量不足，他们学校每周只上2节体育课。大塘镇中心小学的校长回答说每周3节体育课，没有挤占体育课时。北更乡中心小学的副校长说，每周一、二年级4节体育课，三至六年级3节体育课，这是符合国家规定的。但实际情况如何，因时间不足没有对这一情况进一步核实。

对于3所村级教学点，采用的是教师包班制，即一名教师教这一个班所有学科，体育课处于瘫痪状态，体育课＝自由课。因为包班制教师不会教体育。从学生们不会跳绳、没见过仰卧起坐。可以明显感觉出，他们没有接受过体育教育，孩子们要么自己玩儿，要么在弹玻璃球、拍画片。

2. 学校的体育课安排问题

关于体育课的时间和场地安排，2所初中校都会安排三四个班同时上课，场地相对不富裕，但也够用。3所中心小学也都同时会安排三四个班上课，小学人数众多，场地条件有限，他们的体育课场地就显得非常紧张。3所村级教学点，人数少，班级少，没有体育教师，也就不存在体育课场地安排的问题，学生基本都是自由活动。

3. 体育教师参加培训情况

关于体育教师参加培训情况，思练中学的校领导对体育教师是否参与培训情况不了解；而大塘镇中学的校领导对于体育教师参与培训持支持态度，只要是培训都让去。但培训的机会很少，针对的对象也都是特岗教师，针对一般体育教师的培训少之又少。

3所中心小学的校领导对此的回答更为模糊，他们表示只要是培训都让去，但是对于具体参加过的培训有哪些，他们都不记得，需要向体育教师询问。

3所村级教学点，校领导对于体育教师的培训则是可望而不可即的，因为没有专职体育教师，培训也没有他们的名额。

4. 学校的教研活动内容和形式

关于学校的体育教研活动内容和形式，2所初中校领导没有理解要问的问题，他们把学校组织的拔河比赛、中考项目测试、篮球比赛、气排球比赛当成学校的教研活动。3所中心校领导对此的回答不太一样，思练中心小学和北更乡中心小学都是通过公开观摩课的形式进行教研活动，而大塘镇中心小学则是对体育教师进行跳远和仰卧起坐等技能培训。

3所村级教学点则没有教研活动，其中位于城关镇（县政府所在地）的江平小学，他们把同其他小学的交流、比赛活动当作自己学校的教研活动。

5. 大课间、课外活动及每天锻炼一小时情况

当问及学校的大课间活动、学生课外体育活动以及每天锻炼一小时情况时，思练中学的校长提出他们以跑步和跳绳为主，还有板鞋竞速（通过查看器材，发现有板鞋，完好，落灰），而大塘镇中学则没有组织这类活动。3所中心校的大课间、课外活动和每天锻炼一小时情况是按班级跑步，发放跳绳、篮球、铁环、呼啦圈、乒乓球等器材，学生自己活

动。3所村级教学点因为器材不足，所以这类活动都是学生自娱自乐，没有组织，在江平小学看到学生进行弹玻璃球和拍画片活动。在锻炼时间的保障方面，不管是初中还是中心校都没有硬性规定，比较自由。

通过对学校领导的访谈，调研组普遍感觉：（1）学校领导对于学校体育工作关心不够，表现为体育课时没有遵照国家规定，对于体育教师的培训也不到位，培训不培训一个样，培训好与差一个样。平时也没有有效地组织体育教师的教研活动，在大课间、课外体育活动及每天锻炼一小时这些问题上，基本没有什么考虑，大都是发放器材就算做到位了。（2）初中、中心小学、村级教学点三个层次的学校领导，不存在层次上的差异，而个体差异性较大。这跟学校领导对学校体育工作的认识程度有关。不是因为我是初中或中心校，学校体育工作开展得就好，而是因为这名学校领导喜欢体育、懂体育，对教育规律有一定的认识，造成了学校体育工作开展情况的差异。

（三）体育教师基本功测试及访谈的发现

根据调研安排，调研组对这8所学校的35名专兼职体育教师进行了基本功测试和访谈。

1. 体育教师基本功测试情况

调研组对思练中学、大塘镇中学的7名专兼职体育教师（2所学校共10名专兼职体育教师，只测试了7名教师），对思练镇中心小学、北更乡中心小学、大塘镇中心小学8名专兼职体育教师（3所中心小学共有专兼职体育教师13名）进行了测试。3所教学点采用包班制，无专职体育教师，一名教师上多门课，没有测试这些教师。

中学体育教师测试项目有2项：向左转走和篮球体前变向换手运球。思练中学的4名体育教师，向左转走测试，只有1人能做出动作，其余3人无法完成。大塘镇中学的3名教师，两个项目的测试基本达到良好。

小学体育教师测试项目有2项：裂并队走和双手胸前转接球。思练镇中心小学：5名教师，裂并队走不会；双手胸前传接球，2人良好，3人合格。大塘镇中心小学：两项测试合格。

从测试结果看，当地体育教师的基本素质很不理想，主要原因有以下几个方面：（1）不管是专职体育教师还是兼职体育教师都缺少必要的准备。（2）专兼职体育教师在体育教学技能的储备不足，完成正常的体育教学有困难。（3）测试内容是体育教材中的内容，体育教师普遍反映没有体育教材，这些测试项目对他们来说从来没有接触过。（4）体育教师自身基本功不够扎实。（5）兼职体育教师，尤其是村级教学点的"全科"教师，缺少必要的体育学科知识技能培训。

2. 体育教师的访谈及发现

对8所学校的35名专兼职体育教师进行了访谈，访谈内容包括对体育教师职业的认识、教学中遇到的困难及解决途径、体育教师岗位考核情况、是否参加过培训、体育教师认为目前缺少的器材等。

（1）8所学校35名专兼职体育教师基本情况

忻城县思练中学有学生1574人，专职体育教师5人，体育教师和学生的比例关系为1:315。平均年龄34.8岁，平均教龄12.6年，平均周课时12.4课时。思练中学体育教师总体年龄处于中年，年富力强，每天要上体育课2～3节，相对来说工作应该不会太忙。忻城县大塘镇中学有学生1185人，专职体育教师5人，体育教师和学生的比例关系为1:237。平均年龄34.8岁，平均教龄13.4年，平均周课时11.2课时。大塘镇中学体育教师总体年龄处于中年，年富力强，工作量不太大。两所初中学校的体育教师数量和学生数量之比太低，主要因为是县级初中数量少，学生人数多，体育教师的数量不足。两所中学体育教师的平均年龄都在30多岁，年富力强，平均教龄在12～14年，有一定的教学经验。但周课时量都不算大，11～12节课。北京大部分体育教师的周工作量在16课时左右。

忻城县思练中心小学有学生1595人，专职体育教师5人，体育教师和学生的比例关系为1:319。平均年龄43.6岁，平均教龄22.8年，平均周课时11.6课时。忻城县大塘镇中心小学有学生1250人，专职体育教师3人，体育教师和学生的比例关系为1:417。平均年龄34.67岁，平均教龄8.67年，平均周课时15课时。忻城县北更乡中心小学有学生1231人，专职体育教师3人，兼职体育教师2名，体育教师和学生的比例关系为1:246。平均年龄45.4岁，平均教龄23.6年，平均周课时13.2课时。3所中心小学体育教师和学生的师生比例也很低，平均年龄有所差异，但都是属于中青年，平均教龄存在差异，但都有一定的教学经验，平均周课时数量相差不多。

忻城县红渡镇六蝶小学有学生66人，兼职体育教师4人，教师和学生的比例关系为1:16.5。平均年龄46岁，平均教龄25.75年，平均周课时21.5课时。忻城县北更乡龙门小学有学生42人，兼职体育教师3人，教师和学生的比例关系为1:14。平均年龄54.67岁，平均教龄30.33年，平均周课时30课时。忻城县城关镇江平小学有学生108人，兼职体育教师5人，教师和学生的比例关系为1:21.6。平均年龄43岁，平均教龄22.8年，平均周课时3课时（每周3节体育课，其他科教学没有计算在内）。3所村级教学点的情况看，学生人数少，师生比例高，但教师普遍年龄偏大，教龄时间长，没有专职体育教师，都是兼职。男教师多，女教师少。

（2）体育教师的职业认识

对于体育教师这一职业的认识，不存在初中、中心小学及村级教学点的层次差异，也不存在专兼职之间的差异。几乎所有的体育教师都表示，体育教师职业很光荣，能够增强学生体质，很多兼职体育教师从其他学科转到体育教学上，说明了他们还是喜欢体育的。他们表示从事这项工作是为了生活，至于职业前途，好像距离他们很远，他们大多是"做一天和尚撞一天钟"。

（3）教学中遇到的困难及解决途径

关于教学中遇到的困难，中小学体育教师存在差异性，专兼职体育教师也存在差异。思练中学的专职体育教师就谈到学生不喜欢体育课的问题，指出学生对体育的认识不够。大塘镇中学的专职体育教师则认为学生体育基础差，连基本的队列都站不好，上课时学生对体育教师爱搭不理，甚至对立，难以组织教学。两个学校的专职体育教师共同反映，班级人数多（每班50人左右），器材比较少，场地协调不开。

在中心小学，体育教师的结构基本是一个专职带若干兼职，专职体育教师反映班级人数多（每班60~70人），场地有限，器材少，不能做到人手一个，无法开展有效体育教学。大塘镇中心小学的专职体育教师指出，学生对体育的认识不够深入且存在一定的偏差，认为打球玩玩、跑跑跳跳就是体育。北更乡中心小学的专职体育教师还反映，学生安全对他的体育课构成不小的影响。学校为学生配备了一些创伤药，同时体育教师也尽量不带学生做危险动作。

兼职体育教师遇到的问题就是不专业，技能跟不上，理论也不会，而且兼职体育教师年龄偏大（思练中心小学一位兼职教体育的数学老师，已经53岁了），缺少必要的教材和教学依据。

在六蝶小学、龙门小学和江平小学这些教学点，包班制导致教师力不从心，无暇顾及体育课，另外也缺少器材。其中江平小学都拿不出跳绳这种简单的体育器材，学生体质健康测试使用的跳绳包还是调研组带去的。

（4）体育教师的考核

学校对体育教师的工作如何进行考核也是此次调研的一项重要内容。在思练中学，学校考核体育教师主要从工作表现、完成的工作量，还有带队比赛成绩、学生体质健康测试数据、学校公开课等方面进行考核，其中每周11节体育课就算是满课时，这位体育教师会上到14节。思练中学还要求专职体育教师每人每年上一次公开课。在大塘镇中学，对体育教师的考核也是从上课课时、带队成绩、体质健康测试及体育中考成绩方面来进行的，在这个学校满课时工作量是12节／周，体育教师带队比赛获得成绩不计入工作考核内容。

各所中心小学情况有些差异。思练镇中心小学要求专职体育教师完成12~14节／周的工作量，还要求手写教案8篇，手写反思4篇。而在大塘镇中心小学对专职体育教师的考核则是8~10篇教案（手写打印均可），学生体质健康测试成绩，而对于每周的课时量则没有明确规定。在北更乡中心小学，专职体育教师则说，没有考核，但要求18节／周的工作量，还说这是县里教研室规定的，课间操、大课间都不算工作量。三所中心小学在考核上存在较大差异性，原因可能是：（1）体育教师对于考核这件事说不清楚；（2）县里教研室有规定，但没有强制执行；（3）各个中心小学有自己的考核方式。

对于初中和小学兼职体育教师的考核则是非常简单的，注意安全，别出事就行。

在村级教学点，关于考核的事情，上至校长，下至教师，都说不清楚这件事。原因可能是每个村级教学点都受中心小学的领导，中心小学指导村级教学点进行教学活动，所以如何考核并不是村级教学点能决定的事情。而中心小学本身对如何考核也存在较大差异，所以村级教学点的考核就不知所以了。

（5）体育教师的培训情况

当问到体育教师近3年的培训情况时，情况很不乐观。思练中学的体育教师说他接受过两次培训，一次是高等教育出版社组织的，在南宁进行的培训，一次是特岗教师技能培训。大塘镇中学的体育教师则说参加过县里举办的全员性培训，并非体育专业培训，也参加了高等教育出版社和特岗教师的培训。

中心小学体育教师参与培训的情况差异性较大。思练中心小学的体育教师说不出参加过什么培训，而大塘镇中心小学的体育教师则说参加过县里举办的篮球裁判培训、来宾市的中小学体育教师教学技能培训以及广西师大举办的足球专项培训。北更乡中心小学的体育教师则说参加过2016年儿基会在北京的培训，在来宾也参加过3天的培训，主要的培训方式是看优秀教师上课。

村级教学点因为没有专职体育教师，工作也受到中心小学的指导，他们没有参加过教师培训，也没有机会走出来参加培训，因为是包班制，一旦离开学校去参加培训，那么学生就没有人管了。城关镇江平小学的教师反映，家有90岁老母，周一到周五盯班，周末还要照顾老人，根本不可能出来接受培训。

对于希望培训的内容，2所初中的体育教师提出：（1）怎样提高学生的体育兴趣；（2）希望能观摩并分析一节完整的示范课；（3）足球技能培训；（4）趣味田径。

3所中心小学的体育教师提出希望培训的内容有：（1）上课时间分配问题；（2）带学生热身、游戏的内容；（3）体育课上课的逻辑、环节；（4）专家是如何上课的；（5）足球游戏。

希望的培训方式，就是观摩完整课例并对该课例进行解析。这是很多体育教师的心声。

（6）希望增加的器材

在思练中学，体育教师认为应该补齐50～60个篮球，50～60个足球。大塘镇中学也希望得到篮球20个，且要求每学期都补充常用的羽毛球、乒乓球。

在思练中心小学，体育教师反映不缺器材，需要的器材，学校会解决。大塘镇中心小学的体育教师反映要篮球和足球，但没有说明数量。在北更乡中心小学，体育教师提出希望要30个足球，100个篮球。

在村级教学点，校长、教师反映，急需各类器材。但实际情况看，在这些村级教学点的教师们不会教这些器材的内容，大都是孩子们拿着器材自己玩。

（四）学生体质测试和访谈发现

调研组对忻城县 8 所学校近 40 名学生进行了体质健康测试。初二男生主要测查立定跳远和引体向上，初二女生测试立定跳远和一分钟仰卧起坐。小学生抽测三至五年级，不分性别，进行一分钟跳绳和一分钟仰卧起坐的测试。

中学男生立定跳远平均成绩为 244.5cm，女生跳远平均成绩为 178.2cm；男生引体向上平均为 3 个（注：两所中学都没有单杠，只测验了 3 名学生），中学女生仰卧起坐平均成绩为 33 个。小学男生仰卧起坐平均为 27 个，女生仰卧起坐平均成绩为 28 个；小学男生跳绳平均成绩 61 个，女生跳绳平均成绩为 69 个。

结合《国家学生体质健康测试标准》（2014 年修订版）的评分表，初二男生立定跳远达到优秀的标准是 226～240cm，可以说忻城县被测试的学生立定跳远成绩均达到优秀。初二女生立定跳远达到优秀的标准是 188～200cm，良好标准是 174～181cm，可以看出，忻城县被测试的初二女生立定跳远成绩达到良好状态。初二年级男生的引体向上成绩并不理想，学生之间差异较大。初二女生一分钟仰卧起坐达到优秀是在 47～51 个的范围内，达到良好是在 41～44 个的范围内，及格是在 19～37 个的范围，说明忻城县被测试初二女生的一分钟仰卧起坐成绩仅算及格。

小学三～五年级男生仰卧起坐达到优秀的标准是 42～51 个，良好的标准是 36～41，及格的范围在 16～36 个，说明忻城县被测试的三～五年级男生仰卧起坐成绩在及格范围内。小学三～五年级女生仰卧起坐达到优秀的标准是 42～48 个，良好的标准是 36～41，及格的范围在 16～36 个，说明忻城县被测试的三～五年级女生仰卧起坐成绩在及格范围内。

小学三～五年级男生一分钟跳绳达到优秀的标准是 116～148 个，达到良好的标准是 104～132 个，及格的标准是 34～119 个，说明忻城县被测试的三～五年级男生一分钟跳绳成绩处于及格状态。小学三～五年级女生一分钟跳绳达到优秀的标准是 125～158 个，达到良好的标准是 109～136 个，及格的标准是 39～121 个，说明忻城县被测试的三～五年级女生一分钟跳绳成绩处于及格状态。

从学生体质健康测试的情况看，除了初二男生立定跳远成绩达到国家学生体质健康测试标准的优秀水平外，其他的学生体质健康测试成绩均为及格。学生的体质健康状况不容乐观。在测试中，调研组发现，很多学生没有见过仰卧起坐这个动作，学校没有跳绳，也没有引体向上的单杠，这在一定程度上反映出学生体质健康测试成绩不佳的原因。

在调研中，多数学生反映较为喜爱体育课，家长也支持学生锻炼身体，认为体育课能够强身健体，能够让人快乐。学生反映体育教师上课较为随意，没有严格按照体育课的规范教学，学生自由活动较多。从学生的体育技能掌握情况来看，体育课堂随意性强，没有系统地开展体育教学，导致学生在体质健康测验中部分项目不会或没有练过。

目前，学生上课就是跑步、打羽毛球，甚至是学生自我组织游戏，如跳皮筋。在实际的调研中，学生普遍反映教师课堂组织比较松散，上课多为跑操，然后学生自由活动，教师技能传授较少，体育课处于"放羊"状态。从课程的设置来看，教师较为注重学生的安全问题，但是如何避免运动伤害及损伤，并没有具体讲解。总体来看，体育课枯燥无味，教师技能掌握较差，授课中技能传授较少。体育教学中，教师与学生互动较少，缺乏游戏化的组织活动，不能激发学生的兴趣。有的学生反映："我的老师从来没有教过我乒乓球，老师都不会，我们就是几个同学相互打着玩。我想打篮球，可是老师没有专门系统的教学，我就是看电视，然后周末一起玩。有时候老师会跟我们一起打球，也就是一起玩耍。"

在调研过程中，学生反映当地中小学都没有大课间体育活动，课外体育活动也较少，几乎处于空白状态。县里会组织各种体育竞赛活动，各个学校派队参加，但比赛结束以后，各个学校就停止了项目训练，导致学生运动兴趣下降。

很多学生反映学校的体育活动组织较少，应该多组织一些竞赛活动，有的学生提出有关部门是否可以帮助学校组建体育社团，通过体育社团满足自己的体育需求。

（五）学校场地器材调研情况

通过调研发现，此次调研的 2 所初中、3 所中心小学和 2 所村级教学点，学校体育器材配备均未达到教育部发布的《小学体育器材设施配备标准》和《初中体育器材设施配备标准》的要求。在学校体育器材基本情况调查表列出的 40 项体育器材，仅有大塘镇初中器材项目比较齐全，大部分达到了《初中体育器材设施配备标准》，也有一部分未能达标，如垒球、单杠、肋木等。有几所学校部分达标，如忻城思练中学、忻城思练中心小学、大塘中心小学、北更中心小学，接力棒、发令枪、秒表、实心球、体操垫、篮球、足球、排球、跳绳等常用器材配备达标，跳高架、平梯、肋木、单杠等没有或不达标。而城关镇江平小学、北更中心小学分校、红渡六蝶村小学的器材项目只有十几项，数量也未达标。

由于体育器材配备不能达标，也就不能满足体育教学的基本需要。如城关镇江平小学、北更中心小学分校、红渡六蝶村小学连最常用的秒表、长跳绳、足球、篮球都没有，城关镇江平小学只有小篮架、实心球、大体操垫、小体操垫四种器材，无法开展教学。有的器材虽有，但是数量不足，如北更中心小学、忻城思练中学只有一副跳高架，不能分组教学，一人练习时，其余学生只能看着，运动密度、运动强度无从谈起。

大塘镇和思练镇的 4 所学校是忻城县规模比较大的学校，可以说是本地区的重点校，可是每一所学校几乎看不到单杠、双杠、铅球、标枪、剑或刀、棍、投掷靶、平梯等器材，更想象不出这些体育教师关于这些器械的体育课是怎么上的。调研组猜测，这些"危险"项目存在安全隐患，可能从未开展过。

受相对落后的社会和经济等发展因素的影响，北更分校龙门小学、红渡镇六蝶小学及城关镇江平小学的器材缺乏维护与更新，总体质量较差，且现代化程度低。一些学校考虑到学校安全与秩序、设施维修、管理等因素，场地、器材利用率不高。

当然，通过调查发现思练中小学体育器材场也有好的方面。大塘镇和思练镇的4所学校是忻城县规模比较大的学校，他们的篮球、足球、软式排球数量充足，看得出领导重视的程度直接关系到学校的发展，其他学校器材的不足很可能是由于领导重视的程度不够。此外，安全项目器械充足，如跳绳包括长绳、短绳，这些器材每所学校最多的高达200根，最低的也有十几根，说明学校在很大程度上考虑的还是安全问题。8所学校有5所学校填写了自创教材，如思练中学自制有高跷、剑，大塘中心小学自制了跳高横杆、小篮架、刀，大塘镇初中自制乒乓球网、板鞋等，使用轮胎进行锻炼，这都体现了体育教师的智慧。

（六）体育课、课间操及大课间活动情况

由于调研时间为4月份，正是忻城县的雨季，调研过程中，每天都下雨，正常的体育课、课间操、课外体育活动及每天锻炼一小时活动无法开展，相关活动情况未能观测到，是此次调研的另一个遗憾。

五、调研结论与建议

（一）结论

1. 忻城县教育局，各学校领导对学校体育工作的重视程度还有很大的提升空间

从调研的8所学校情况来看，忻城县教育局领导、各学校领导对学校体育工作的重视程度还有很大的提升空间，虽然在初中、中心小学能按规定开展体育课、课间操等活动，但质量不高，而村级教学点一个教师要教所有学科，体育课成为最边缘的学科。至于课间操、大课间活动、每天锻炼一小时活动只能靠学生自发活动。

2. 忻城县初中、中心小学、村级教学点层次性很强

忻城县初中、中心小学、村教学点三类学校层次特点鲜明。初中、中心小学相对软硬件条件较好，有一定的场地和器材，但学生数量多，班容量大，难以组织有效的教学。村级教学点软硬件条件差，少场地，缺器材，更没有专职的体育教师，即使是兼职体育教师也都是全科教师，年龄偏大，没有接受过正规的体育教师培训，不会组织学生进行体育活动，北更乡龙门小学的学生甚至没有见过仰卧起坐这个动作，这一点充分印证了专职体育教师对学生体育教育的重要作用。

3. 初中、中心小学师生比太低，体育教师严重不足

忻城县初中校和中心小学体育教师和学生总量的比例太低，师生比基本都在1:300左右，试想1个体育教师给300个孩子上体育课，每天有50个孩子上体育课，还要6天才能上完。

4. 村级教学点学校体育边缘化

在村级教学点，体育教师都是全科教师，非专职体育教师，他们要教所有学科，很难

有时间和精力来组织学生进行体育教学和课外体育活动等。这直接导致了学校体育在村级教学点的边缘化，成了可有可无的学科。

5. 体育教师普遍职业发展动力不足

体育教师存在"做一天和尚撞一天钟"的心态，缺少职业追求。专职体育教师普遍感觉自己有能力教好，但是学生、场地、器材等因素不配合。兼职体育教师普遍年龄偏大，能认识到自己技能跟不上，理论也不会。专职体育教师喜欢外归因，兼职体育教师更倾向内归因。

6. 忻城县教育局、学校对体育教师的考核还不够完善

当地对体育教师的考核没有统一要求，虽然北更乡小学体育教师提出每周上 18 节课是县教研室要求，但实际情况是各学校有自己的考核标准，也达不到每周 18 节课这个标准。考核的内容也存在较大差异性。

7. 体育教师的培训急需加强

体育教师的培训次数少且不系统，往往是有什么培训就参加什么培训，县里、学校没有针对性的、系统的体育教师培训计划。在培训的内容和形式上也不是根据体育教师的需要而进行的。

8. 学校体育的教研活动还要进一步规范

县里、学校对体育教师的教研工作管理缺失。很多体育教师不知道什么是教研，往往把组织拔河、篮球比赛、观摩其他教师上课称为教研活动。

9. 体育器材种类多，但单个器材的数量不足

通过查看器材，初中、中心小学的体育器材种类较多，但村级教学点就缺少必要的体育器材，甚至某个学校连学生的短绳都没有。初中、中心小学虽然体育器材的种类很多，但单个器材的数量不足，不足以支撑一个班上体育课用，更别说几个班同时上课了。对于一些常用的器材，如足篮排球等，数量还是不够。

10. 学生体质健康测试成绩不甚理想

忻城县的学生体质健康测试，除了初二男生立定跳远达到优秀外，其他项目测试如初二女生的一分钟仰卧起坐，初二女生的立定跳远，三～五年级男生仰卧起坐、跳绳，三～五年级女生跳绳和仰卧起坐都刚刚及格。

（二）建议

1. 县级教育部门加大行政干预力度

从行政角度保障开齐开足体育课，对体育教师的考核内容及考核要求给出一定的参考标准，避免出现内容不一致、要求多样化的情况。县级教育行政部门还要注意对学校主管体育工作的领导进行政策性培训，让这些学校领导了解国家对学校体育的政策要求。

2. 提升体育教师的职业动力

在访谈过程中，很多体育教师把学校体育羸弱不振的原因归结于学生不配合、缺少场地器材等客观原因，很少从自己主观能动角度来找原因。从这一点可以看出体育教师的职业动力不足，也就是体育教师在兴趣、需要、动机、价值观方面存在不足。建议给他们开展职业规划、压力管理、正确归因、时间管理等内容的培训。

3. 提升体育教师的职业能力

在调研中可以看出教师职业能力不足也是困扰他们的重要因素。需要提升体育教师的课堂教学组织能力，包括教材组织能力（调研中很多体育教师表示没有教材，是因为他们不善于组织教材，而不是没有教材），课堂教学语言组织能力和表达能力（访谈中很多体育教师答非所问，表述中逻辑性不强），把握教材的能力，善用教材，以教材为载体，灵活组织有效教学。驾驭课堂的能力，体育教师都普遍反映学生不配合教师，对教师爱搭不理，甚至是对立，这也说明了体育教师驾驭课堂的能力弱，急需提高。提高体育教师的教研能力，调研中发现体育教师很少参与规范的体育教研活动，造成他们对体育课、课外活动、大课间活动的认识存在诸多误区，如果能组织体育教师进行规范的教研活动，他们就能提高认识从而更好地促进教学。提高体育教师的自我调控能力，面对新情况、新问题，体育教师要能及时分析，调整自我，从而达到最优状态，而不是像现在"做一天和尚撞一天钟"。

4. 提升体育教师的教学能力

建议的培训方式还是以体育教学为依托，请北京、南宁两地优秀体育教师利用当地的器材、场地和学生上展示课，给当地专兼职体育教师以直观印象。同时，示范的体育教师也要分享教学过程中的心路历程，告诉当地体育教师如何组织教材、教法，如何调控课堂。

5. 通过项目培养体育教师骨干，发挥其辐射作用

建议在培训过程中注意发现"种子"，让真正有动力、有能力的体育教师站出来，及时与县里教育部门沟通，赋予这些体育教师一定的职责，让他们带动本校、本乡（镇）乃至忻城县学校体育向前发展。

6. 通过学生"倒逼"体育教师专业发展，以比赛带动忻城县学校体育的发展

建议项目培训时要"双管齐下"，一方面培训专职体育教师，另一方面给学生带来丰富多彩的体育课堂，通过学生的发展，"倒逼"体育教师的专业成长。此外，通过比赛让全县的体育教师和学生意识到，要参与比赛，就要把日常的教学、训练搞好，这样才能有参赛的基础。

7. 配齐配足常用器材，建立常用器材磨损补充机制

项目进行过程中，多与县教育局沟通配合，解决好体育器材配备问题，注意补充因磨损而缺失的体育常用器材。此外，还要加强自制器材的引导，鼓励体育教师发挥自己的聪明才智，制造符合当地特色的体育器材。

第三节 贵州盘州农村中小学体育教师培训前期的基线调研

一、调研背景

2017年3月20日至3月24日，根据教育部—联合国儿童基金会"学校体育与体育教师培训"项目工作安排，北京教育学院体育与艺术教育学院组建调研组赴贵州盘州进行实地调研与测试工作。调研组一行6人，利用3天时间调研了当地3所中学和3所小学，通过对学校主管校长、体育教师、学生的访谈和测试，观察学校的体育课和体育大课间活动，全面了解调研校的场地和器材配备情况、体育教师教学情况和培训需求、学校大课间开展情况，以及学生的身体素质状况。

二、调研学校整体情况

调研发现项目校存在着很多共性，也有很多让我们感动的地方。

第一，教师有较强的敬业精神。除英武小学以外，其他所学校均有不同比例的住校生（最多的达60%以上）。专职体育教师数量很少，基本上都是兼职教师，身兼数个学科教学和学生管理工作，工作强度很大，工作环境也比较艰苦（没有办公室、没有室内场地）。但让我们感动的是，教师们依然表现出了较强的责任感和事业心。例如盘州第八中学的史开贤老师，是一名22年教龄的女教师，为了让学生能够主动锻炼、积极参加长跑活动，她以身作则，坚持每天带领学生一起跑步。近两年校园足球备受重视，史老师就主动地学习相关知识和技术，并传授给学生。面对学校师资严重不足的情况，旧营小学的校长没有怨言，主动承担起体育课教学的任务，和教师们一起在操场上接受风吹日晒。

第二，调研校教师有较强的学习动力。跟教师的访谈中发现，他们非常渴望学习先进的教学理念，了解更多的教学方法，不断提升自己的教学水平。教师们说得最多的一句话就是："我们非常想上好课，但是真的缺方法、缺思路，感觉自己的观念很陈旧。"盘州教师参加教研和培训活动的机会非常少，有的教师工作20多年都没有参加过任何形式、任何性质的培训，在教学中一旦遇到困难，教师只能自己查找资料或与临校同事交流来找到解决方法。由于很多教师都是兼职教师，没有接受过体育专业的学习，在教学中受到很多限制。虽然面临重重困难，但教师们仍对学生充满了热爱和期待，都提到了希望能够参加专业的培训，一方面了解当前的教育形势、掌握先进的教育理念，另一方面也希望在个人基本功、专业技能上有所提高。

第三，虽然地处偏僻，但学生们纯朴、活跃，有灵气，执行力强。让我们非常感动的

还有调研校的学生们，在 6 所学校中，授课班级人数几乎都在 60 人以上，但是从课堂的表现来看，学生的课堂纪律优良，学习积极性较高，对教师指令的执行力很强，而且充满了好奇心。面对我们这些"外来者"，学生们都很有礼貌地说"老师好！"，在开展测试和访谈时，学生们都好奇地围在我们身边，还积极地和我们互动。

三、盘州调研校体育场地器材情况

表 4-5 项目校场地情况一览表

学校	班级数	田径场	篮球场	排球场	器械体操区 + 游戏区	其他
旧营小学	12	无	2	无	无	乒乓球台 5 个
英武小学	10	200 米 1 块	2	无	无	
盘州五小	27	200 米 1 块（在建）	1	无	750 平方米	
盘州八中	53	350 米（环形）1 块	6	无	100 平方米（老旧的健身器材区）	
大山中学	14	250 米（环形）1 块	1	2	无	羽毛球场 2 块 乒乓球台 9 个
响水中学	24	150 米（环形）1 块	4	1	小于 20 平方米	

通过对调研校体育教师访谈和体育器材室实际考察情况看，这 6 所项目校均存在以下问题。

（一）体育器材配备情况

在 6 所调研校中，体育器材以篮球、排球、跳绳、乒乓球台等常见器材和设施为主，而且数量也不多。例如，响水中学，有 24 个教学班，每班学生数在 60 ～ 70 左右，只有40 个篮球，上课只能做到两人一个篮球。盘州第五小学虽然做到了每人一个足球，但却是用来做操的，不允许学生踢球。还出现了学生把篮球、足球用塑料袋装着玩，怕把球弄脏的现象。体操教学中必备的大体操垫和小体操垫数量明显不足，项目校中都只有几块大体操垫，小体操垫基本没有（除了五小有 20 块小体操垫）。由此可以推断出这些学校在日常教学中很少涉及体操项目教学。

（二）教师对体育器材的认知情况

随着课堂教学改革的深入，越来越多的新型体育器材走进了课堂中，如敏捷梯、小栏架、标志杆 / 桶 / 碟、软式器材等儿童化、游戏化的体育器材已经被广泛使用。但我们在与教师访谈中发现，项目校的大部分教师对这些器材可以说是一无所知，没听说过、没见过，更不知如何使用。在与教师的访谈中，在回答"学校在开展大课间和体育教学中都需要哪些器材"这一问题时，教师们提出的需求也多为篮球、排球、足球等；仅有几名曾参加过国培项目的教师，在培训时接触过新型器材，他们对此表现出了浓厚的兴趣，希望项目组能够给学校支持一些新型体育器材。也有教师表示，目前的器材够用，多了只会增加负担。

（三）体育场地基础建设情况

调研校虽然场地大小各有不同，但共同的特点是基础建设比较到位，都实现了塑胶化，没有"晴天土、雨天泥"的问题，视觉效果很好。但在调查中我们发现，学校对于体育器材、设施的管理规范性有待提高。例如，响水中学没有专用体育器材室，五小和英武小学器材室非常杂乱，甚至堆放了很多杂物。英武小学操场的沙坑中还有不少水泥硬块。可能是因为贵州雨水较多，调研校大多使用了悬浮式拼装操场，虽然渗水快，颜色亮丽，但潮湿时容易打滑，存在一定的安全隐患。从这些细节方面，可以看出学校领导对于学校体育的重视程度有待提高，非常有必要对校长或主管校长进行体育管理方面的培训。

四、盘州调研校体育课堂教学情况

我们观看了 8 节体育课，其中小学 5 节，中学 3 节，内容为 50 米快速跑、接力跑、双脚连续跳跃和广播操，仅旧营小学提供了教案。虽然存在着器材不足、场地小、班额大等诸多困难，教师们仍在积极地进行教学实践和改革。例如，旧营小学罗跃能老师，虽然不是体育专业，但他通过分组练习、小组学习、舞蹈等形式激发学生学习的兴趣，帮助学生掌握运动技能和方法，达到教学目标，学生参与练习的积极性也很高。但其中也存在以下问题。

（一）教学内容问题

通过看课和教师访谈，我们发现中学的体育课教学以中考科目为主，小学以跑、跳为主，教学内容单一。篮球项目在个别学校的教学中有所体现，旧营小学有体现民族特色的白族舞蹈，大山中学在课间活动时展示了舞龙。在基本功考核中我们发现，调研校体育教师无法说出本校的民族民间特色体育活动，更不用提示范和讲解了。一些新兴项目，如啦啦操、健美操、跆拳道、轮滑等，教师也可以说一无所知。

体操、足球、民族传统体育、新兴运动项目教学的缺失，在一定程度上影响了学生的全面发展，与课程标准中提出的开齐开全体育教学内容也是不一致的。

（二）教学方法问题

由于兼职体育教师较多，教师在教学中仅能保证"不出安全事故"，但对于学生掌握知识技能、提高身体素质和社会性等方面，可以说完全没有体现。教师能够提出练习要求和一些关键点，但自身的示范动作不够标准（甚至出现了错误），对于学生出现的错误动作无法进行纠正，这可能与教师对教材的理解不够到位、自身缺乏体育知识有关。例如，响水中学的快速跑教学，学生大部分时间在练习原地摆臂，基本没有跑几次；英武小学的接力跑，学生全课平均只跑了 20 ～ 30 米。在教学方法和手段方面，授课教师基本都是采用讲解法、示范法和练习法开展教学，停留在"我讲你练，我教你学"的状态，课堂上教师很少运用游戏、竞赛等形式激发学生学习的积极性和主动性，没有做到关注学生"身与心"的发展，学生处于被动的学习状态。

《义务教育体育与健康课程标准（2011 年版）》中指出："课程在充分发挥教师教学过程中主导作用的同时，十分重视学生在学习过程中的主体地位，注重培养学生自主学习、合作学习和探究学习的能力。"但是通过对调研校的体育教学观察，教师没有注重对学生学习能力方面的培养，这需要教师多观摩、多实践、多改变，才能真正有利于学生的发展。

（三）教学意识问题

授课教师教态和教学组织随意性较大，如英武小学一节低年级体育课，教师只带了一个小音响来上课，学生跟着音乐做广播操，教师没有任何示范和指导，学生也只是在比画动作，完全体现不出动作的美感和节奏感。在接力跑教学时，教师没有教法措施，光排接力队形就耗费了 20 多分钟，还不清楚正确的起跑位置。在大山中学的体育课上，教师只是带领学生反复练习排球、50 米跑和台阶试验等中考项目，而且 50 米跑练习时没有正确口令、没有起跑线和终点线；响水中学的快速跑教学，教师挂着一串钥匙来上课，且对操场湿滑的现象置之不理，尽管不断有学生摔倒，但教师仍然没有采取任何措施。穿牛仔裤、皮鞋上体育课的学生不在少数，反映出教师平时的课堂常规养成和纪律要求有待提高。

（四）运动负荷问题

一节合格的体育课，要包含三个要素：（1）学生要出汗、脸红、心跳加速；（2）学生学会一定的知识技能；（3）学生体验到运动的快乐。出汗、脸红是最直观的评价指标，可以看出运动负荷的大小和练习效果。通过观察，我们发现有几节课中的很多学生都没有出汗，可以说这是失败的体育课。教师要给学生适宜的运动负荷，增加提高身体素质和体能的练习内容，不能仅仅为了中考而教学，要为学生终身的发展打基础。

五、盘州调研校体育教师基本功情况

我们共对 11 名体育教师进行了访谈，对 10 名体育教师进行了基本功测试，参与测试的专职体育教师 4 人，兼职体育教师 6 人。

（一）基本运动技能掌握情况

调研校教师在进行基础的队列队形示范时，出现了口令不准确、动令预令不清楚的问题，在示范时出现了动作不准确、口令与动作方向相反、多余动作多的问题。

在对中学教师进行篮球体前变向换手运球技能考核时，教师对基本的手形、运球方法、运球路线、变向的方法等要点模糊不清，有的教师甚至不清楚动作的基本方法，认为"左右手交换运球"就是"体前变向换手运球"。在对6名小学教师进行前滚翻的考核中，只有一位教师能够基本做出动作，其他教师均表示不会做示范，也不清楚前滚翻动作的要点。

在讲解游戏的方法和组织形式时，多数教师能说出2～3种游戏，如老鹰抓小鸡、贴人等，但不能清晰描述游戏的方法、要求、规则和组织方式。

（二）教师参加培训教研情况

通过与教师的访谈得知，大部分教师工作后没有参加过县级及以上的专业培训，对体育教学的理解还停留在原有的经验基础上，对规范的技术动作没有概念，不清楚教学改革的动向和趋势，不了解新的教学理念、思路和方法。在对专职体育教师进行基本功考核时，我们要求教师说出某一技术动作的教法措施，他们只能说出讲解法和示范法，不知道如何有针对性地选择教法措施去突破重点、解决难点。由于盘州没有专职体育教研员，也很少开展体育教学方面的研修活动，仅有的几次培训多数是理论讲座，缺乏教学实践，有的教师将运动会、裁判员会、领队会也视为教研培训。部分教师表示校内体育组经常开展研讨活动，但从考核和体育课表现来看，校内教研成效堪忧。

（三）教师对自身发展缺乏明确的目标和规划

在访谈中我们发现，多数表示体育教师这个职业的价值主要体现在"自己身体得到锻炼""能够教会学生一些技能""能够发现并培养有运动天赋的学生""学生取得成功时自己很有成就感"等方面。在回答"体育教师有前途吗"这一问题时，教师们都表示体育并没有受到足够重视，来自于家长、社会等方面的困难比较大。在回答"一个好的体育教师需要具备哪些素质"和"怎样对体育教师进行评价"等问题时，多数教师无法明确回答，反映出教师对于自身定位和发展方向缺乏思考，更谈不上规划性。

（四）教师考核评价机制

教师们反映，学校对教师年终评价的主要指标是"量化分"，分高者可以评优。但量化分的计入非常困难。带队比赛取得成绩可以给口头或书面表彰，但不计入量化分；参加评优课能计分，但很难有机会在县级以上的评优活动中获奖；获得优秀教练员、裁判员等证书，可以用于评职称，但不计分。由此可看出，学校缺少对体育教师的评价和激励机制。

六、盘州调研校大课间体育活动情况

我们调研了大山中学、旧营小学和盘州五小的大课间活动，校方做了精心的准备，可以说是各有特点，体现了学校的特色。大山中学大课间活动内容是集体跑步、绳操和韵律操，以背诵《少年中国说》为结束；旧营小学是部颁广播操和自编操，中间穿插背诵《弟子规》和《少年中国说》，以调节运动负荷；盘州五小则是配乐足球操，人手一球，动作欢快。学生服装整齐，进出场指挥有序，口号洪亮。从场面上看，整齐划一，内容丰富，但细观内容，存在一个共性问题——密度和负荷较低，缺乏实效性和针对性。大山中学的韵律操和绳操持续时间短，且没有几次"跳绳"的动作，旧营小学的课间操，学生动作到位程度和规范性需要提高，五小的足球操是"拿着足球当道具做操"。这种"看上去很美"的大课间，应该作为下一阶段重点"改造"的内容。

另外，盘州五小为我们展示了多样的课外社团活动，有绘画、乐器、拉丁舞、跆拳道等七个社团，体育社团虽然仅有跆拳道一个项目，但却是参与人数最多的社团（有近100名学生）。通过和教师、学生的访谈得知，学校专门从县里请来跆拳道教师进行授课，学生也非常喜爱这项运动。但从实际观察中我们发现，外聘教师对活动缺乏计划性，两名教师分工不明确，对学生缺乏专业的指导，安全措施也做得不到位，教师自身的教学和组织能力有待提高。社团活动看起来热闹，但很难说学生是否能真正从中学会跆拳道技术。

七、思考与建议

这几所调研校，从场地设施这些"硬件"上看，可以说超过了北京很多山区学校，但从师资水平和制度建设等"软件"上看，确实属于"贫困"水平。硬件建设很好解决，但软件的提升是一个长期且艰巨的工程。

（一）理念、思路、落实，缺一不可

首先要转变体育主管领导的理念和思路，真正树立全面发展的学生观、与时俱进的教师观、健康第一的体育观、质量第一的教学观、安全第一的管理观，还要建立对体育教学和活动开展情况进行监督、评价和指导的一系列制度。

（二）加强业务培训，开展教研活动

由于调研校兼职体育教师较多，且一时难以改变现状，就必须对兼职体育教师进行业务培训，建立定期集中培训制度，指导他们开展校内和校际之间的教研活动。针对兼职体育教师基本功薄弱的问题，可以由城区校体育专业的教师组成核心组，为兼职体育教师提供运动技术的指导。专业能力的提升不是一朝一夕可以实现的，需要持续的指导和跟踪评价，不断固化培训效果。

（三）补足常规器材，开发自制器材，引入新型器材

首先要补齐足、篮、排球，体操垫，接力棒，标志杆等常规体育器材，保证日常教学使用（至少满足同时两个班上课需要）。发挥教师和学生的创造性，因地制宜开发自制器材，以满足特色教学的需要（如一些民族传统的体育器材、辅助教学的小道具等）。引入新型体育器材，丰富教学和大课间活动内容。

（四）建立"手拉手"交流学习渠道

和北京市部分区或学校组成"手拉手"交流校，双方教师可以通过网络交流、送课下校等形式开展活动，让盘州的校长、教师能够及时了解最新的体育教育动向，获取新的体育教学方法，甚至可以"拿来就用"，从模仿起步，逐渐发现、发展本校的体育特色。

第四节 辽宁本溪农村中小学体育教师培训前期的基线调研

一、调研背景

2017 年 4 月 10 日至 4 月 14 日，调研组对辽宁本溪满族自治县进行了为期 5 天的调研活动。本溪满族自治县位于辽东半岛腹地、太子河上游，东与桓仁满族自治县、宽甸县相临，西与本溪市、辽阳市接壤，南与丹东市毗邻，北接沈阳市、抚顺市。全县总面积 3344 平方公里，地貌特征为"八山一水一分田"，属于北温带大陆季风气候。全县辖 11 个乡镇总人口 30 万人，有满族、汉族、朝鲜族、回族、蒙古族等 15 个民族。本溪满族自治县教育局坐落在县城小市镇。全县共有各类幼儿园 49 所，小学 14 所，初中 6 所，九年一贯制学校 2 所，高中 2 所，职教中心 1 所，教师进修学校 1 所，青少年活动中心 1 所，中小学素质教育基地 1 处。在校生总数 20557 人，其中，学前在园幼儿 5818 人，小学生 10414 人，初中生 6097 人，高中 4049 人；在职教师 2838 人，在编专职体育教师 93 人，兼职 8 人，年龄 50 岁以上 10 人。近两年，本溪县教育局非常重视学校体育工作，2013 年至今招聘特岗体育教师 17 人，弥补了本溪县体育教师不足和年龄偏大的问题，努力确保中小学生每天一小时校园体育活动及落实国家规定中小学体育课时。

二、调研宗旨和目的

此次调研是"学校体育与体育教师培训项目"整体设计的一个组成部分，目的是了解本溪县学校体育现状，包括体育课、课间操及大课间活动开展情况；了解当地学校领导对学校体育的重视程度和有效举措；了解体育教师的工作状态、教学基本功及遇到的困难；了解当地的学校体育场地器材现状，为进一步有效资助提供参考意见；了解学生体质健康状况，为他们提供健康快乐成长的环境和条件。

三、调研方法

此次调研主要从县局领导访谈，学校领导访谈，体育教师访谈与基本功测试，学生体质健康测试及访谈，学校场地器材数量与种类调查，学校体育课、课间操及大课间活动的观察等方面，对本溪县学校体育情况进行深入了解。

我们调研的对象有两类：一类是城镇学校，一类是位于乡镇的中心校和教学点（调研对象见表4-6）。此次调研对教育局领导、6所学校的校长（主管副校长）、28名专兼职体育教师和近60名中小学生进行了访谈。

表 4-6 本溪县调研学校及类别一览表

学校名称	类别
本溪满族小学	城镇学校
本溪三中	城镇学校
兰河逸夫小学	乡镇学校
本溪二中	乡镇学校
高官九年一贯制学校	乡镇学校
本溪七中	乡镇学校

四、主要发现

（一）县局领导、学校领导访谈及发现

根据调研安排，与教育局及6所学校的校长（主管副校长）进行了访谈。访谈的主要内容有：学校体育的课时达标问题，学校体育课的时间、场地安排问题，体育教师参加培训情况，学校的教研活动内容与形式，大课间活动安排及特色，学校课外体育活动情况，每天锻炼一小时情况。

从教育局领导访谈中了解，当地推动全县学校体育发展的主要举措是组织体育比赛。在篮球、足球等方面组织中小学生比赛，按照学校人数多少，分成A、B组，进行公平公正裁判，颁发奖项。一方面促进学校体育教师更多地投入精力组织学生学练体育技能，另一方面促进学生体育技能形成，争取在比赛中取得成绩。本溪县教育局体育股只有一名工作人员，每年都需要与体育局、体育教研员加强联系协同完成赛事，让更多学校参与其中。为提高体育教师的科研能力，本溪县体育教研部门充分发挥高官小学于殿军老师的写作优势，专门成立了"论文写作团队"，鼓励老师们把自己的所思、所想及体育教学心得，转换为文字，积极参与论文的写作和投稿，定期进行相关活动。近三年本溪县的体育教师共有30多篇论文在《中国学校体育》《体育教学》等国家级体育期刊发表，极大地提高了

本溪县体育教师的体育理论水平和写作能力。在学校器材配备方面，前几年只配发过一次，由于资金短缺，现在各校器材依靠学校实际能力自行解决。

从学校领导访谈与观察中了解，各校在学校体育的课时达标问题理解上存在偏差。有的学校在体育课中每周拿出一节课上健康教育课，往往是形同虚设，每天锻炼一小时难以达成，只能成为课表上的体育课。学校体育课的时间都是安排在上午的3、4节，下午的2、3节课，体育课最多6个班上课。体育教师参加培训只有县级培训，市级培训就非常少，个别学校教师参加了北京教育学院组织的儿基金国家级培训。学校教研活动都是教研组自行组织活动，形式上多采用研讨、组内公开课和赛课，只见到了一所学校的体育教研记录。在大课间活动安排及特色方面，小学呈现出具有多样性、民族特色的活动形式，九年一贯制学校以绳梯练习学生素质为内容形式，初中主要是体能素质、跑步主组的内容形式。在学校课外体育活动情况，小学是抽出下午时间进行兴趣班学练，由班主任带领、体育教师指导；初中则开展不理想，大部分学生由于路途遥远，放学后都回家了，往往只有住校生自己活动活动。

（二）学校体育教师基本功测试及访谈发现

本次调研分别对本溪县3所小学（本溪满族小学、兰河逸夫小学、高官镇小学）、3所初中（本溪二中、三中、七中）的体育教师进行访谈（见表4-7），每所学校各选一名体育教师进行访谈，其中男教师5名、女教师1名，他们都曾到北京参加2016年北京教育学院组织的儿基金国家级培训。

表4-7 访谈教师基本信息

访谈时间	学校	姓名	性别	年龄	职称
4月11日	本溪满族小学	杨帅	男	28	二级
4月11日	本溪三中	张洪	女	36	一级
4月12日	兰河逸夫小学	王祥东	男	26	二级
4月12日	本溪二中	王宝东	男	41	一级
4月13日	高官九年一贯制学校	于殿民	男	41	一级
4月13日	本溪七中	徐权	男	43	一级

1.学校体育教师现状

每位教师都热爱体育教师这一职业，以满怀的热忱投入到体育教育事业当中，工作兢兢业业，能主动克服工作的困难。有些教师也坦承，在学校体育工作过程中有时也有过彷徨和困惑，但一进入到工作，都能把辛苦和疑惑抛到脑后，全身心地投入到体育教学和训练当中。在所访谈的6名体育教师当中，二级教师2名，一级教师4名，其中高官小学的于殿民老师是辽宁省的名师，本溪三中的张洪老师正在向县级骨干冲击。他们对工作都有一定的追求，希望能评为优秀或骨干教师，在职称上能更上一级。他们坦言，在本溪县评职称体育教师有一定的劣势，有时会影响他们的工作积极性，但他们都能正确对待这件事，认真地上好每一堂课。于殿民老师说："作为一名农村体育老师，每天的工作环境和条件比较艰苦，但既然选择了这个职业，就得珍惜，虽然每天很累，但我热爱体育教师这一职业，对体育教师这个职业有幸福感和责任感。作为一名体育教师不但要掌握精湛的专业技能，还要有丰富的体育理论知识和科研能力。"

在所访谈的6所学校中，共有体育教师26名，主要毕业于辽宁师范大学、沈阳师范学院等师范院校，具有专业的理论知识，掌握体育教师应有的组织教学能力和专业技能，是学校体育工作的主力军。每位教师掌握几种具有民族特色的体育活动技能，如珍珠球、滚铁环、赛威呼、板鞋竞速、跑马城等。但因为体育器材设施的原因，一些活动很难开展，如珍珠球需要比较专业的体育器材，开展比较少，普遍开展的是滚铁环、板鞋竞速等活动。有一半左右的体育教师在承担体育教学工作的同时，还承担着学校的其他工作，如德育、后勤、团队等。

2. 体育教师在学校体育开展中的问题

在学校体育开展过程中，他们也碰到许多困难和疑惑。

（1）场地设施问题。所到的6所学校都是水泥或沥青操场，因为考虑到学生的安全，一些运动项目很难开展，像足球项目很容易摔倒，使学生受伤，所以在体育课上运动强度经常偏低，教学内容比较单调。

（2）器材不足的问题。5所学校的器材严重不足，篮球、足球等常用器材少得可怜，而且已破旧不堪，慢撒气、掉皮的居多，只有高官小学相对要好一些。部分学校为了满足体育活动的需要，在组织体育兴趣小组活动时，只能通过学生自带体育器材的方式来解决器材（如篮球、足球）不足的问题，由于单杠的缺少（大部分学校只有一副单杠），学生的引体向上水平普遍偏低，60%以上的学生不能实现0的突破。

（3）课时不够。在访谈中发现，大部分学校的体育课时安排没有达到教育部《义务教育体育与健康课程标准》要求的相应标准，在小学、初中只安排了2节体育课，一个学校把室内的健康卫生课当成体育课的一部分。学生每天一小时体育活动没有落实到位。各校对学生体质健康水平测试比较重视，6月份就开始进行相关项目的测试，10月份对小学一年级或初一年级学生测试，到11月份基本完成全部学生的体质健康测试。但体质健康标准的测试仪器偏少，一个学校只有一套相关器材。

3.体育教师自身成长

调研的 6 所学校对体育教师的评价、考核及职称评定，以体育教师的能力、成绩为主要评价依据，如论文、评优课的获奖等级，所带运动队的竞赛成绩，体育特长生考入高级中学的人数等。但与其他科目教师相比，体育教师在职称评定等方面，难度还是比较大，学校还是优先考虑其他文化科目、中考科目。在县级骨干教师评选时，没有给各学科分配固定的名额，而是先组织报名的教师进行统一的理论考试（教育学、心理学等），根据成绩确定一定的人选进行下一轮的专业考试，体育教师能通过第一轮考核的教师很少，所以能评上县级及以上骨干的体育教师就非常少。

教师们在近三年的各级部门培训中，对北京之行的培训印象深刻，都认为这次培训收获最大。对北京各中小学的体育场地器材、教学内容、教学质量、活动形式赞叹不已，非常羡慕北京的体育教师有如此优越的教学条件。从各个学校的课间操、教师们所上的体育课也可以看出，一些教师把从北京培训中学到、看到的知识、技能、活动形式运用到自己的实际体育教学及活动当中，极大地丰富了体育活动内容，形式更加多样，课堂教学方法更有针对性，提升了体育课堂教学质量。从教师访谈中了解到，本溪县、市相关体育教研部门也会组织教师进行听评课研讨，学习一些新兴体育运动项目，进行啦啦操、中小学生广播操等培训。教师们喜欢新兴运动技能、教学实例、专家最新理论知识讲座的培训，这样能把所学的运动技能及教学实例尽快地运用到体育课堂教学当中。而教学新理念、新方法方面，他们认为还是比较欠缺，如教学目标如何制定得更加具体明确、情感目标如何撰写等。

（三）学校场地器材情况

表 4-8 学校体育场地基本情况

学校	总人数	班级数	田径场	篮球场	排球场	器械体操区、游戏区
本溪满族小学	612	18	200 米	1 块	无	无
兰河逸夫小学	226	7	200 米	1 块	无	100 平方米
高官九年一贯制学校	430	18	200 米	1 块	无	100 平方米
县三中	700	17	200 米	2 块	1 块	无
县二中	723	20	300 米	2 块	2 块	150 平方米
县七中	421	11	300 米	3 块	2 块	200 平方米

表4-9 学校体育器材基本情况

器材名称	本溪满族小学	兰河逸夫小学	高官九年一贯制学校	县三中	县二中	县七中
接力棒	20	8	10	0	10	6
跨栏架	0	0	4	0	20	6
发令枪	1	1	2	0	1	1
标志杆	30	12	40	0	0	15
秒表	4	2	4	0	5	1
跳高架	1	1	1	0	1	1
跳高横杆	2	6	4	0	3	0
山羊	7	1	2	0	4	2
跳箱	0	1	3	1	4	2
助跳板	8	1	2	0	2	2
垒球	30	20	10	0	0	0
实心球	40	13	20	50	80	20
皮尺	1	2	1	0	2	3
大体操垫	8	8	10	11	10	15
小体操垫	36	70	60	45	60	50
双杠	0	0	1	0	3	1
投掷靶	0	0	0	0	0	0
低单杠	0	0	1	0	3	0
高单杠	0	1	1	1	2	1
平梯	0	0	0	0	0	1
肋木	0	0	1	0	1	1
剑或刀	0	0	0	0	0	0
棍	0	0	0	0	0	10
拔河绳	0	0	3	0	2	2
爬竿爬绳	0	0	0	0	0	0
短跳绳	110	35	30	0	60	0
长跳绳	2	15	40	0	60	0
篮球	30	2	30	0	20	25

续表

器材名称	本溪满族小学	兰河逸夫小学	高官九年一贯制学校	县三中	县二中	县七中
篮球架	3	1	2	2	3	3
足球	30	10	40	0	80	40
足球门	2	2	2	0	2	0
软式排球	18	10	0	0	0	70
排球架	0	0	1	1	2	2
乒乓球台	5	2	6	0	2	3
乒羽球拍	24	20	14	0	5	10
乒羽球	0	20	6	0	1	0
羽毛球架	1	1	4	0	0	3
毽子	0	30	20	0	0	6
铅球	0	0	2	0	20	3
沙包	20	30	0	0	0	0
录按音机	0	1	0	1	1	1
肺活量仪	1	1	0	0	1	2
自创器材	2	0	2	0	0	1

1. 学校场地情况

（1）从 6 所学校的田径场面积来看，5 所学校场地达标，基本上能够满足学生需求，只有县三中场地面积较小，但新校址待建，新校区场地面积能够满足学生需求。他们的场地均为硬化地面，不利于学生做速度、对抗练习。所有学校均无沙坑，学生缺少跳远练习条件。

（2）3 所小学篮球场地均为 1 块，数量不达标；3 所中学场地数量达标，能够满足学生需求。但所有篮球场地均为硬化地面，不利于学生做对抗练习，容易造成身体伤害。

（3）3 所小学无排球场地，数量不达标；3 所中学排球场地数量达标，能够满足学生需求。但所有场地均为硬化地面，不利于学生做快速救球动作，容易造成身体伤害。

（4）2 所小学有器械体操区，但面积不达标；2 所中学有器械体操区，面积达标，能够满足学生需求。

2. 学校体育器材情况

（1）3 所小学均无跨栏架或钻圈、投掷靶、低单杠、平梯、爬竿或爬绳，对学生力量性练习缺少条件；部分器材不足，如实心球、肋木、短跳绳、长跳绳、篮球、足球、排球架、乒乓球拍、羽毛球拍、乒乓球、羽毛球、羽毛球架、毽子、沙包、录音机、肺活量仪等，满足不了学生上课需求。

（2）县三中新校区待建，学校近几年在体育器材方面无资金投入，导致器材严重不达标，只有实心球、体操垫、篮球架能够满足学生需求。

（3）县二中、县七中部分器材不足，满足不了学生需求。如接力棒、跨栏架、标志杆或标志桶、秒表、跳高横杆、双杠、单杠、平梯、肋木、剑或刀、棍、短跳绳、长跳绳、篮球、足球门、排球、排球架、乒乓球拍、羽毛球拍、乒乓球、羽毛球、羽毛球架、铅球、肺活量仪等。

（4）本溪县为满族自治县，部分学校开展民族体育项目，如板鞋、铁环、赛威呼、竹竿舞等，有些民族体育器材是自己学校自创。

（四）学生情况分析

1.学生体质测试状况

表 4-10 小学测试情况表

学生情况	仰卧起坐		扔沙包		跳绳		个人得分	
	成绩	分数	成绩	分数	成绩	分数	总分	平均分
三年级男生 1	37	80	12.6	20	150	100	200	66.7
三年级男生 2	33	76	21.2	62	112	85	223	74.3
三年级男生 3	35	78	13	20	128	100	198	66
三年级女生 1	0	0	8.8	40	120	85	125	41.7
三年级女生 2	21	64	9.5	45	100	76	185	61.7
三年级女生 3	27	70	9	42	102	78	190	63.3
三年级女生 4	34	78	10.1	50	130	90	218	72.7
三年级女生 5	30	74	19	100	103	78	252	84
四年级男生 1	44	90	27	70	124	85	245	81.7
四年级女生 1	22	64	12.3	45	103	74	183	61
四年级女生 2	20	62	10	30	144	95	192	64
四年级女生 2	30	72	10	30	185	100	202	67.3
五年级男生 1	40	80	17	30	160	100	210	70
五年级男生 2	41	85	20.8	45	104	72	202	67.3
五年级女生 1	23	64	12.4	35	130	80	179	59.7
五年级女生 2	24	66	13.6	45	84	66	177	59

续表

学生情况	仰卧起坐		扔沙包		跳绳		个人得分	
	成绩	分数	成绩	分数	成绩	分数	总分	平均分
五年级女生 3	30	72	9.1	20	145	90	182	60.7
五年级女生 4	23	64	12.4	35	160	100	199	66.3
五年级女生 5	20	62	11	25	150	90	177	59
五年级女生 6	30	72	16	60	137	85	217	72.3
六年级女生 1	30	70	16	50	131	78	198	66
六年级女生 2	34	74	13.5	35	181	100	209	69.7

表 4-11 初中学生测试情况表

学生情况	仰卧起坐		立定跳远		引体向上		个人得分	
	成绩	分数	成绩	分数	成绩	分数	总分	平均分
八年级男生 1	46		2.5	100	13	95	195	97.5
八年级男生 2	43		2.55	100	8	72	172	86
八年级男生 3	39		2.5	100	8	72	172	86
八年级男生 4	34		2.1	72	1	20	92	46
八年级男生 5	36		1.83	66	0	0	66	33
八年级男生 6	36		1.8	64	1	20	84	42
八年级男生 7	26		2.06	78	1	20	98	49
八年级男生 8	40		2.05	76	6	64	140	70
八年级男生 9	40		1.98	74	5	60	134	67
八年级男生 10	35		2.25	85	0	0	85	42.5
七年级男生 1	46		2.3	100	0	0	100	50
七年级男生 2	36		2.25	100	3	50	150	75
七年级男生 3	44		2.25	100	4	60	160	80
七年级男生 4	38		2	80	0	0	80	40
七年级男生 5	37		1.8	72	5	64	136	68
八年级女生 1	39	78	1.6	70			148	74
八年级女生 2	35	74	1.75	80			154	77
八年级女生 3	36	74	1.9	90			164	82
八年级女生 4	28	66	1.3	30			96	48

学生情况	仰卧起坐		立定跳远		引体向上		个人得分	
	成绩	分数	成绩	分数	成绩	分数	总分	平均分
八年级女生 5	22	60	1.7	76			136	68
八年级女生 6	23	62	1.65	74			136	68
八年级女生 7	25	64	1.75	80			144	72
八年级女生 8	9	10	1.62	72			82	41
八年级女生 9	17	40	1.9	90			130	65
八年级女生 10	27	66	1.8	80			146	73
八年级女生 11	35	74	2	100			174	87
七年级女生 1	40	80	1.91	95			175	87.5
七年级女生 2	35	74	1.4	60			134	67
七年级女生 3	23	62	1.65	76			138	69
七年级女生 4	21	60	1.72	80			140	70
七年级女生 5	31	70	1.8	85			155	77.5
七年级女生 6	35	74	1.65	74			148	74

从表 4-10、表 4-11 可知，小学有 22 名学生参加测试，平均得分为 66.1 分。其中三至六年级仰卧起坐平均分为 68.9 分，扔沙包平均分为 42.4 分，一分钟跳绳平均分为 86.6 分。仰卧起坐 1 名三年级女生成绩为 0 分，大多数得分在 70 分左右。扔沙包平均分不足 50 分，但也有 1 名女生成绩为 100 分。跳绳满分的有 6 名学生，平均分达到 85 分以上。初中有 32 名学生参加测试，其中八年级有 21 人，占 65.6%，七年级有 11 人，占 34.4%。七、八年级学生平均分为 66.7 分，基本与小学成绩持平。仰卧起坐女生平均得分为 64 分，男生引体向上平均分为 39.8 分，有四名学生成绩为 0 分，在测试项目中成绩最差。立定跳远的平均分为 80.6 分，七、八年级分别有 3 名学生成绩为满分，八年级有 1 名女生成绩为满分。

由此可知，参加测试的学生体能有一定的储备，素质良好，动作大多完成良好，立定跳远动作稍好，仰卧起坐动作较规范，到位；中学男生引体向上完成情况不太好，多数学生臂未伸直；小学沙包投远动作女生较差，动作不一，有甩包的，下手投远的。农村学校的学生素质及动作质量好于城镇学校学生。

2. 学生访谈情况分析

对本溪满族小学三年级学生 4 人、四年级 3 人、五年级 6 人进行了访谈。学生每周 3 节体育课，体育课教学内容比较丰富，有技巧、田径、民族传统体育项目、跳绳、球类等。课间活动比较丰富，游戏种类比较多，有跳绳、两人三足、赛威呼等。体育课锻炼时间比较有保障，学生也比较喜欢体育课，认为玩得比较开心。但大部分学生每天锻炼的时间不足 1 小时，课间参加体育活动的人数不多。学生对自己的体质健康测试成绩不清楚。学校在每周三、周五下午会有一节体育课外活动时间，有教师组织，基本上以学生自主练习为主。学校每月会组织一次单项体育比赛，以竞技形式为主，如立定跳远、投沙包等。学校在每个学年的两学期各会安排一次全校性的体育运动会，一次为竞技比赛的形式，如田径比赛；另一个学期的比赛为全校性的综合比赛，多为趣味项目，目的是让全员参与。

中学生访谈了县第三中学八年级学生，其中男生 5 人，女生 4 人。学生每周上 2 节体育课。初一学生每周二、周五下午各有一次体育活动课，初二学生每周五第七节有一节体育活动课，初三年级每天进行跑步。学生们比较喜欢体育课，感觉体育教师比较朴素，认真负责。对于"想要什么样的体育课"这个问题，同学们都没有考虑过，可见学生思想比较单纯，没有其他的想法，对体育课也没有更高的追求。体育教师在体育课中，没有对学生进行过健康教育知识的讲授。在风雨雪天气时，体育课在室内，基本上以自习写作业为主。每天上午的大课间活动，首先以班级为单位进行各种体育活动，如大绳、小绳、踢毽等，然后再做一套广播体操，最后进行全校的走队列练习。学生每天参加体育锻炼的时间基本上以体育课、大课间、课外体育活动为主，有体育课的时候能够保证每天锻炼一小时，没有体育课或体育课外活动就达不到每天锻炼一小时的时间。学生对于参加体育锻炼的目的，还是比较清楚的，大多数同学认为能够强身健体、提高身体素质，将自己的体型控制得更加合理，能够磨炼意志，锻炼自己克服困难的心理品质。从对学生的调查来看，学校进行过国家学生体质健康标准的测试，但学生对于自己的测试成绩不了解，教师也没有向学生进行这方面的宣传和教育。家长们还是比较支持自己的孩子多参加体育活动，如给自己的孩子购买篮球、羽毛球拍等体育器材，鼓励孩子进行体育锻炼。有的家长会督促孩子锻炼，个别家长也会同自己的子女一起打球、跑步等。通过对体育课的观察以及对学生的走访，他们的体育课基本上以跑步、跳绳、引体向上、蛙跳等素质练习为主，主要目的是增强学生的身体素质，其他时间就进行自由活动了。学生对自己的体质健康情况有比较清醒的认识，对于饮食、锻炼等对身体的影响也很清楚，但缺乏控制力，需要学校老师以及家长共同努力，对学生进行全面的教育。

在兰河逸夫小学走访了三年级学生 2 人，四年级学生 2 人，五年级学生 2 人。学生们非常喜欢体育教师，也喜欢体育活动，认为上体育课很开心。体育教师带领学生进行过足球、篮球、跳绳、竹竿舞等多种形式的体育活动。体育教师在课上对不同体育项目，多种体育教学内容进行过教学。通过学生访谈，发现体育教师对体育课的教学还是比较认真负责的，年轻教师的干劲很足，对体育教学也有一定的想法。学生非常喜欢教师，认为教师认真负责，能够教会他们打篮球、踢足球，能够带领同学们一起玩耍，还能够教给他们投实心球、仰卧起坐等提高身体素质的练习。由于是农村学校，家长们外出打工情况比较多，大多数是留守儿童，家长们比较支持自己的孩子多进行体育活动，多进行体育锻炼，有条件的家庭也为自己的子女购买了篮球、羽毛球等体育器材。在平时的课余生活中，学生们也有意识地进行体育锻炼，如出去跑跑步、打打球等。体育教师对国家学生体质健康标准的相关内容进行了测试，但没有向学生解释过此项内容，学生不知道自己的成绩。

在本溪二中，调研了七年级男女生各 2 人，八年级男女生各 3 人，九年级男女生各 2 人。学生每周上 2 节体育课。体育课上以体育中考项目为主，男生基本每节课跑十圈左右，大概 2000 米，然后进行仰卧起坐的练习，两项练习完毕后，学生根据自己的兴趣爱好，自发组织进行足球、篮球活动。女生在体育课上，也是先跑 400 ~ 800 米，然后进行前抛实心球的练习，两项练习完毕后，就根据自己的兴趣爱好自由活动。全校大部分学生每天体育锻炼时间不足一小时，其中体育特长生每天都有训练，能够达到每天锻炼一小时。家长们对于学生参与体育课外活动没有意识，个别家长能够有意识地让学生多进行体育活动，给子女购买体育器材，陪子女一起进行锻炼。学生比较喜欢运动，对体育教师也比较喜欢，但希望教师能够会打球，能够更亲切一点。体育教师对国家学生体质健康标准测试不够重视，学生不知道自己的测试成绩。大部分学生希望自己的体质能够提高一点，也希望通过体育活动，让自己更加开心，更加健康。但课余时间需要体育教师、家长共同参与，共同督促学生进一步加强体育锻炼。

本溪县高官学校，这是一所九年一贯制学校。参与调研的学生有三年级 4 人，五年级 4 人，六年级 2 人，小学学生均为女生；七年级男女生各 1 人，八年级男生 1 人，女生 3 人。该校学生每周上 3 节体育课，在体育课上，多进行跑步、跳绳、篮球、排球等活动。学生都比较喜欢体育课，他们喜欢跑步、打球、跳绳，在课下多进行跳皮筋、打篮球、做体育游戏等。教师在进行体育教学时，有对学生进行体育知识的讲解，但没有对学生进行健康教育方面的教学。学生在体育活动时有安全意识，因为体育教师在课上对学生有过这方面的教育。通过调查，学生进行过国家学生体质健康标准相关内容的测试，但没有进行肺活量这项内容的测验。学生们喜欢体育课，也喜欢体育教师，认为体育课能够锻炼身体，体育教师有爱心，对学生管理严格，会打篮球、打排球，教师的篮球技术好。家长们也比较支持自己的子女在课余时间多进行体育锻炼，大部分家长都给学生买过体育器材，但亲自参与比较少。大部分同学每天锻炼的时间不能够保证一小时，只有在有体育课的情况下才能够保障锻炼一小时。

在本溪县第七中学，共调查七年级学生 4 人，男女生各 2 人，八年级学生 6 人，其中男女生各 3 人。通过走访，学生每周上 2 节体育课，在体育课上以跑步、跳绳为主。每节体育课的锻炼时间大约在 20 ~ 30 分钟之间，每周四下午第八节课为体育课外活动时间。大部分学生每天锻炼的时间不足一小时，学校运动队、跳绳组的同学基本上每天能够达到一小时以上。在上午的大课间体育活动时，以跑步、做操、跳绳为主。学生都比较喜欢体育活动，也喜欢体育课，但想多一点体育活动，能够让自己的体育课更加丰富多彩。在室内上体育课时，基本以自习写作业为主，教师偶尔会讲一点体育方面的知识，但没有健康教育方面的内容。学生都比较喜欢体育教师，认为教师认真、敬业，但也希望体育教师能够多教给自己一些体育技能，让自己多掌握一些体育本领。家长们比较支持子女多进行体育锻炼，大部分家长都为子女购买过体育器材，个别的家长会陪同自己的孩子进行体育锻炼。大部分学生对于自己的身体健康情况稍有不满意，也非常清楚体育锻炼对于自己身体素质的影响，但自己不能够坚持每天进行锻炼，需要家长、体育教师多督促、多监督自己。学生有进行过国家学生体质健康标准相关内容的测试，但对于自己的测试成绩不清楚。

综上所述，调研校的多数学生对体育课非常满意，对体育教师的认同度也非常高。但每天锻炼时间明显不足，挤占体育课的情况比较明显。学生们基本没有学习过健康教育知识，教师在课上偶尔会有体育知识方面的介绍，但是不系统，对体育运动安全养护、体育知识的教学也相对匮乏。小学的体育课开展丰富多彩，而初中相对单一，以体育中考为目标，主要练习身体素质，同时对学生体质健康不够重视，学生不知道这项测试，也不知道自己的成绩。调研中了解到学生学会体育活动的方法多样，用学生的话讲是"运动什么都会"，自学能力强，对体育有非常高的兴趣。

（五）学校体育课堂教学和大课间体育活动调研分析

1.学校体育课堂教学调研分析

这次本溪学校体育调研，我们共听了6节体育课，其中3节小学体育课，3节中学体育课。（教学内容见表4-12）

表4-12 教师上课内容

上课时间	学校	上课教师	性别	上课内容
4月11日	本溪满族小学	杨帅	男	肩肘倒立
4月11日	本溪三中	张洪	女	健身操
4月12日	兰河逸夫小学	王祥东	男	足球
4月12日	本溪二中	王宝东	男	实心球、跑的能力
4月13日	高官九年一贯制学校	于殿民	男	小篮球
4月13日	本溪七中	徐权	男	实心球、游戏

（1）教学文件比较规范。每位上课教师都精心地准备了这节课，从教学文件的准备、场地器材的布置、教学过程的组织等都能看出来他们很用心。每位教师提供了课堂教学设

计，内容包括指导思想、学情分析、教学目标、教学重难点、教案等。教学设计的撰写规范、全面，教学内容符合所教学生的身心特点。

（2）教学过程清晰。每位教师所上体育课的教学过程包括开始、准备、基本、结束部分，整个教学过程完整，教学比较严谨。时间安排比较合理，能够充分利用学校的现有体育设施进行教学。

（3）教师基本功比较扎实。教师口令声音洪亮，能用专业术语进行合理的调队，讲解比较清楚，示范比较标准，组织教学能力比较强，场地器材的布置比较合理。能发挥体育骨干的作用，教学方法有针对性。

（4）教学目标不明确，无法评价与检测。《义务教育体育与健康课程标准（2011年版）》指出："教师应结合实际，将课程目标具体化，提高目标的可操作性，有计划、有步骤地促进学习目标的达成。"各位上课教师的一个共同问题是教学目标制定不明确，认知、技能、情感等目标的关系没有理顺，而是混为一谈。说明大家对教学目标的概念还不是很清楚。

教师们要明确制定教学目标的意义，清楚认知、技能、情感等目标的概念。教学目标要制定得具体明确，特别是技能目标，必须明确具体、可操作，行为主体、行为动词、行为条件、行为标准要清楚。这样才能使教学过程更加严谨，教学方法更有针对性，才能使教学达到实效。

（5）运动技能教学略显不足。本次所看的6节课，小学的3节课都具有运动技能教学的过程，教师的讲解、示范、学生练习，一步步教学过程非常清楚。中学的3节课略显不足，除了张洪的健身操课，另两节都是实心球课，为体育中考备课的目的比较明显。

运动技能的教学是实现体育与健康课程其他学习方面的载体，只有教会学生一定的运动技能，才能使学生真正体验到体育的乐趣，才能激发学生长久的体育热情。初中体育教学，应该给予学生适量的多样的运动技能教学，以激发学生的体育兴趣，不能在初一、二年级的体育课上就单独地进行"应试教育"教学，这样很难保持学生的体育兴趣，需增加一些学生喜闻乐见的运动项目进行教学。

（6）运动负荷偏低。可能因为场地设施、器材等的原因，从安全角度考虑，教师们所设计的课程运动强度都不高，这样就很难有效地发展学生的体能。

要有效地达成"强化体育课、课外体育锻炼"，首先要保证有效的运动负荷，才能刺激学生体能的增长。所以教师们在课堂教学设计时，要根据教学内容、课的类型的不同，来设计运动强度和练习密度。可以把体能练习融入运动技能教学当中，或者采用课课练的形式进行体能练习。

2. 大课间操活动调研分析

本次共看了3所小学的课间操，各校有自己的特点，能结合本校师资、场地器材、学生特点设计课间操，充分发挥了各校体育教师的聪明才智。农村校条件艰苦，但他们因地制宜，自己制作体育活动器材，如本溪满族小学的四人板、逸夫小学的竹竿舞、高官小学的跳绳梯等。课间操教师组织有序，养成教育到位；学生的精神面貌非常好，做操动作到位、步伐整齐，质量比较高。

五、建议

（1）县级教育部门加大行政干预力度。从行政角度出台政策，建立督导制度，保障开齐开足体育课，提高主管校长对体育课的认识，注重对主管学校体育工作的领导进行政策性培训。同时加强对体育课教学管理，不断提高教学质量，落实每天一小时体育锻炼时间，学校必须做到有组织形式、政策制度落实方案，重视《国家学生体质健康标准》实施到学生身上。

（2）县级教育部门要加大投入，加快学校体育场地设施建设，积极改善办学条件。学校的公用经费要按一定比例专项用于学校的体育工作，并做到与公用经费同步增长，根据国家安全质量标准和体育场地器材配备目录配足配齐体育器材。特别是农村学校体育器材配备率普遍较低，不能满足体育教学、开展阳光体育活动的需求，增设篮球架、单双杠、学生体质健康标准测试仪器等，购置一些篮球、排球、小垫子等易消耗体育器材，以满足体育教学的基本需要。

（3）加强学校体育安全保障。要加强对师生的安全教育，对体育教师安全方面的培训和对学生的校园安全教育要常抓不懈。要建立校园意外伤害事件应急处理机制，积极为学生购买意外伤害保险，为学校处理好意外伤害事件提供必要保证。

（4）增加体育教师评职、评优的机会和名额。在评优时应该设立体育教师专项考核机制，给予体育教师规定名额，以增加体育教师评优的机会。

（5）要加强中小学体育教师的培训工作，大力提高农村中小学体育教师专业化水平。农村体育教师参加上级业务部门举办的理论学习、业务培训机会很少。为积极推动农村体育教师学习，增强使命感、责任感和紧迫感，应多些外出学习、交流的机会，尽可能培训形式多样化，多进行体育新理念的培训，还要增加专业运动技能培训、新兴运动技能的培训、常用教材的教法多样化的培训、教学内容游戏化的培训等。

（6）减少体育教师的兼职，使体育教师能专心于体育教学和运动训练，不被学校其他事情所拖累，体育教师应努力提升自身素养和专业能力。

第五节 重庆忠县农村中小学体育教师培训前期的基线调研

一、调查目的

健康是民族昌盛和国家富强的重要标志，教育是一个民族最根本的事业，健康和教育是我国两个优先发展的战略。2016 年中共中央、国务院印发的《"健康中国2030"规划纲要》提出："全社会要增强责任感、使命感，全力推进健康中国建设，为实现中华民族伟大复兴和推动人类文明进步作出更大贡献。"学校体育作为学校教育和国家体育发展的重要组成部分，作为健康中国建设的重要基石，在实现健康中国伟大构想和全面实施素质教育中，具有基础性和战略性的地位与作用，有着守土有责、守土尽责的责任与使命，有着关联推进、协同推进的使命与贡献。

大健康观的提出，有利于推动形成大体育格局，引导学校将体育纳入建设健康中国的大战略、大教育、大健康的格局中去定位、思考和改革。强化学校体育，需要进一步理解和落实学校体育健康第一的指导思想，进一步突出学校体育在促进学生身心健康、体魄强健、培养学生健康生活核心素养、完善人格等方面的独特作用，进一步发挥体育在培育和践行使青少年儿童健康快乐成长、推进素质教育的综合作用。

为此，2017 年 3 月 29 日至 3 月 31 日，首都体育学院继续教育学院参与教育部—联合国儿基会"学校体育与体育教师培训"项目一行 11 人在重庆忠县进行了调研工作。

参加调研工作的人员：联合国儿基会臧林博士，首都体育学院继续教育学院院长陆卫平研究员、继续教育学院培训部主任刘沛，首都体育学院教务处教学督导组组长赵立教授，中国教育科学研究院于素梅研究员，首都体育学院《体育教学》杂志编辑部主任章柳云副编审，首都体育学院学校体育学教研室主任杜俊娟副教授，田径教研室冯晓东副教授，心理与教育学教研室燕凌副教授，重庆市教育科学研究院体育教研员牛晓，重庆巴蜀中学体育教师苟洪杰。

二、调查方法

（一）座谈法

2017 年 3 月 29 日下午，调研组一行 11 人与忠县教委的教育工委副书记袁伟晋，体卫艺科科长涂海燕、马小苏，体卫艺科文伟、刘笙，体育教研员谈斌，忠县教委教育质监科周召庆，以及新生镇中学龙河清老师、三汇中学田余梁主任、甘井中学体卫艺处雷杜臣主任、义兴学校吴灿华校长、忠州中学体育教研组组长卢宗元老师、忠县中学田飞主任进行了座谈。涉及内容包括他们对学校体育工作的态度、对最新学校体育政策的认识、对学校体育标准的理解、忠县教委制定的地方性学校体育政策、上一个财政年度在学校体育工作的投入、学校体育工作的考核及督察制度等，对学校体育工作开展的基本条件（师资、体育设施、体育教师队伍建设及培训）、学校体育工作中存在的困难与不足等情况进行广泛全面的了解。

（二）访谈法

2017年3月30日至31日，调研组一行11人分为两组（臧林、陆卫平、于素梅、冯晓东、燕凌、苟洪杰一组，赵立、刘沛、章柳云、牛晓、杜俊娟一组）分别进入6所中学，对12名主管学校体育工作的校长或副校长、26名体育教师开展访谈，对学校体育工作的态度、学校体育相关政策的理解、学校体育相关标准的理解、上一个财政年度学校在学校体育工作方面的投入、学校是否将体育工作的成绩列入考核及评价等情况进行广泛全面了解。对中小学体育教学开课率、大课间体育活动的开展、学生每天体育锻炼一小时的情况、体育教师专兼职情况、体育教师队伍建设及培训情况、学校体育工作中存在的困难与不足等情况进行了解。

（三）观察法

调研组一行11人分为两组分别进入6所学校进行体育课教学和课间操观摩。因为3月30日忠县下大雨，我们临时将体育课教学观摩改为体育教师的说课，课间操观摩取消。

（四）问卷调查法

调研组对6所学校26名体育教师的基本情况、学校体育教学开课率、课外体育活动时间、影响本校体育教学和课外体育活动的主要因素、体育教师专业发展、体育教师培训、学校体育中的最大困难、对提高学校体育教学和课外体育活动的建议、培训的需求等情况进行了全面深入的调查。

（五）体育课观摩

对6所学校进行实地现场观察，了解学校的体育场地情况、体育课教学情况、学校课间操开展情况。

表 4-13 体育课教学观摩与体育课说课一览表

时间	学校	说课	室外体育课	室内体育课	教师	教学内容	学生年级
3月30日上午	新生镇中学	√			周勇	篮球双手胸前传接球	初一
	义兴学校			√	兰天波	实心球	初三

续表

时间	学校	说课	室外体育课	室内体育课	教师	教学内容	学生年级
3月30日下午	三汇中学	√			刘艳	篮球传切配合	高一
	忠县中学	√			牟亚林	短跑	高一
3月31日上午	甘井中学		√		邹乐	篮球双手胸前传接球	初一
	忠州中学		√		张苹树	篮球传切配合	高一

（六）学生体质测试

3月30日上午和3月31日上午，我们对新生镇中学初三年级的5名男生和甘井中学初一年级的5名男生进行了坐位体前屈的测试，对新生镇中学初三年级的5名女生和甘井中学初一年级的5名女生进行了一分钟仰卧起坐和坐位体前屈的测试。

三、调查结果与分析

（一）忠县教委对学校体育工作开展提供的促成环境分析

忠县总人口102万，有中小学94所，在校生12万。忠县教委在贯彻发展学校体育的相关政策中实施了"四个纳入、三个确保、一个重点推进"。"四个纳入"具体包括：体育课程全部纳入学校课程体系，保证全县学校体育课程的开齐开全；体育教师全员培训纳入教师培训体系，保证体育教师能分批分期全员参加县级及以上级别的在职培训，如请西南师大的专家、三峡学院的教师来县里送教培训；体育教师全员纳入学校教师的考核体系，学校体育工作纳入忠县教育的考核体系，以保证体育教师工作的质量和学校体育工作的质量监控；学生健身纳入全县全民健身活动中，全县各种体育运动会，学校学生都是主力。"三个确保"，即确保学生每天锻炼一小时，确保学校必要的体育活动场地，确保体育教师业余文化生活。"一个重点推进"，即重点推进校园足球建设。在2017年3月，忠县教委开展了学校排球竞赛活动，5月开展校园足球活动，6月是小学运动会，7月是学校篮球竞赛活动。

在重庆市，忠县是第一个出台"体育三年行动计划"的地方，忠县政府在《忠县体育三年行动计划》中为忠县体育做好了顶层设计。忠县教委把体育三年行动计划进行了细化，抓规划实施，如围绕学校体育立德树人、校园意外伤害的应急处理机制的建立、春游安全不可控性的防范等问题，解决校长们最担心的问题。忠县政府和教委都建立了分片区、分责任的教育教学督导评估机制，建立了教育教学的巡查制度，有人巡查、有人负责，有巡查评估结果与反馈。

在体育教师队伍建设方面，建立了教师评价制度，加强农村体育教师体育专业的提高与培训，对青年体育教师实行全员培训，建立长效的体育教师培训机制和转岗机制，对不合格的体育教师实行分层、有序的转岗培训，完全落实了每个学校都有 1～2 名专职体育教师，不足者由兼职体育教师补充。忠县有专职体育教师 368 名，兼职体育教师 50 余人。专职体育教师中，25 岁以下 50 人，25～30 岁 69 人，31～35 岁 66 人，36～40 岁 68 人，41～45 岁 42 人，46 岁及以上 73 人。专职体育教师中，本科及以上学历 119 人，其中研究生 1 人，占总人数的 32.3%，大专及以下学历 249 人。

从上述忠县教委对学校体育工作开展提供的促成环境可见，忠县每个学校都已能开全开齐体育课。每个学校都能保障学生每天锻炼一小时。当地的民族民间特色体育项目是跳绳，如义兴学校的花样跳绳就搞得有特色、有影响，学生也喜欢。近 3 年来忠县在学校体育工作方面主抓了"四个纳入、三个确保、一个重点推进"。

忠县现在仍然存在兼职体育教师的问题，如我们访谈的新生镇中学赵小华老师，大学学的是生物专业，来到新生镇中学工作，每周要教初三年级 3 节生物课，再教 12 节体育课。对于兼职体育教师现象带来的教学问题，新生镇中学江湖海校长说，主要是兼职教师的体育专业能力不够。所以，有关体育教师数量配备问题与当地人事部门计划不符，使得体育教师配备力量不足或结构性不足仍然是一个难解的问题。

忠县对培训工作的需求是：需要对学校校长进行培训，以提高校长们对学校体育工作重要性的认识；需要对体育教师的专业技能进行点对点的培训，如篮球专业技能差的培训篮球、足球专业技能差的培训足球；需要对体育教师进行室内体育课的设计、开发、实施的培训，因为忠县常下雨；需要对体育教师进行安全教育与课堂把控能力培训；需要对学生体育兴趣的培养与激发技能进行培训。

（二）学校体育工作开展分析

3 月 29 日下午的座谈会中，新生镇中学龙河清老师、三汇中学田余梁主任、甘井中学体卫艺处雷杜臣主任、忠州中学体育教研组组长卢宗元老师、义兴学校吴灿华校长、忠县中学田飞主任分别就各自学校的学校体育工作开展的基本条件进行了说明与介绍，结合我们入校的实地观察和对学校领导以及体育教师的访谈，各学校基本情况分析如下。

1. 新生镇中学

3 月 30 日上午，调研组赴新生镇中学进行调研工作。对忠县教委的刘笙，新生镇中学校长江湖海，体育教师王朝阳、周勇、赵小华进行了访谈。因为下大雨，原来准备的观摩周勇老师的体育课和观摩学校的课间操活动改为对周勇老师的体育课说课进行评课和抽测了初三 5 名女生和 5 名男生进行了一分钟跳绳、坐位体前屈、一分钟仰卧起坐的测试。

新生镇在忠县属于比较贫困的地区，外出打工人员很多，新生镇 70% 的学生是留守儿童，家庭年均收入 3 万。新生镇中学属于三类学校（乡村的初级中学），只有初中三个年级共 8 个教学班。学校有专职体育教师王朝阳、周勇，兼职体育教师赵小华（在初三教生物课，每周 3 节课），初一到初三每周开设 3 节体育课和 1 节体育活动课，学校每天有早操和课间操，给体育教师核算为 1 节体育课的工作量，学校给予与体育课相同的课时费。每个体育教师负责一周的早操和课间操，循环轮换。每名体育教师每周平均工作量为 13 节课，如果有为了参加忠县运动会而临时组织的训练，不算工作量，但比赛成绩好可以有奖励。2014 年、2015 年新生镇中学获得忠县教育教学质量考评三类学校一等奖。学校对体育教师的考评以教学课时和工作效果来考量，工作效果考评分两项：一项是初三年级的体育中考成绩，是全县范围内所有学校初三年级的比较，学校也依据这个成绩对体育教师进行考核和奖励；一项是忠县教育质量监控的抽查，如果抽查到体育学科，这个抽查结果作为体育教师的工作效果考评分。平时，学校领导会对体育教师上课的教案、上课的认真程度、教学的过程进行随机的考查。新生镇中学校长江湖海认为，新生镇中学的 3 名体育教师都能各尽其责。新生镇中学校长和体育教师认为，学校的体育场地与器材现在已能基本满足体育课教学和课外体育活动的需要了，因为去年操场刚做了硬化，铺成了水泥操场，忠县的"技装中心"也根据学校学生的数量进行了体育器材的配备，这也是重庆市政府教育均衡发展的一个举措，费用由忠县县财政开支。新生镇中学不仅开齐开足了每周 3 节体育课，还为每个年级多开了 1 节体育活动课。学校课外体育竞赛上半年是篮球赛，下半年有田径运动会，60% 的学生都参与其中。田径是学校体育的强项和亮点，在忠县学生田径运动会中名列第一名。学校每天下午第四节课为课外活动时间，全体学生先集体活动，然后分成田径、篮球、乒乓球、羽毛球、象棋、合唱、美术等 7 个小组进行分组活动，各小组活动有专人负责，并纳入教学过程考核。

学校每月举办一次体育单项比赛，每学期举办一次学生体育运动会，每学期举办一次教工趣味运动会。学校的体育教师王朝阳 2014 年就参加了我们儿基会 2013—2015 年"体育教育与体育教师"培训项目的培训者培训活动，从这次对王朝阳的回访和对校长的了解，王朝阳老师说他参加儿基会项目的培训使他终身受益了，他走出大山，到了北京，开阔了胸怀和眼界，学到和领会了体育教学的教学规范与要求，启发自己思考了学校体育工作的很多问题。3 年来，他自己先以身作则带着学校的田径队训练成绩卓越，然后带领周勇老师把学校的篮球队训练得风生水起，指导刚入职两年的兼职体育教师赵小华老师开展体育教学。

在强化学校体育地位、体育中考全国普及的背景下，体育与语文、数学、外语一起成为许多地方中考的必考科目之一。所以，新生镇中学的初三年级也存在中考体育考什么项目，初三年级体育课和课外体育活动就学什么、练什么的问题，而且，学生的中考体育成绩要和体育教师的考核效益挂钩，中考体育的导向性如此之强，辩证来看喜忧参半。

那么，新生镇中学初三学生的身体素质怎样呢？因为下雨，我们只能在教学楼一楼门厅的有限的空地上，对初三年级的男、女生各 5 人共 10 名学生进行了坐位体前屈、一分钟仰卧起坐的抽测，结果如下：

表 4-14　新生镇中学学生身体素质测试项目及结果一览表

学生情况	坐位体前屈 距离（厘米）与得分	1 分钟仰卧起坐（女） 次数与得分
汪国涛（男）	11.8（76 分，及格）	
陶贵于（男）	8.5（72 分，及格）	
周志鹏（男）	20（95 分，优）	
闫棕渝（男）	14（80 分，良好）	
吴　鹏（男）	18（90 分，优）	
张海丽（女）	17（80 分，良好）	30（68 分，及格）
唐安琪（女）	15（76 分，及格）	39（76 分，及格）
罗娜娜（女）	17.5（80 分，良好）	40（78 分，及格）
田　倩（女）	19（85 分，良好）	46（86 分，良好）
向春燕（女）	-1（10 分，不及格）	39（76 分，及格）

　　注：中学男生在《国家学生体质健康标准》测试中没有一分钟仰卧起坐项目的测试，而是单杠引体向上项目的测试，因为下雨，我们没有测试男生的单杠引体向上项目。

　　我们对学生的评分结果显示，坐位体前屈 20% 是优，40% 是良好，30% 是及格，10% 是不及格；一分钟仰卧起坐 20% 是良好，80% 是及格。

　　2. 三汇中学

　　3 月 30 日下午，调研组一行 10 人汇合于三汇中学进行调研工作，对忠县教委的刘笙，三汇中学校长胡君，副校长刘俊国和杨光辉，体卫艺主任田宗梁，体育教师刘艳、王建平、杨建业、张华、刘乘旭、王堂红等 11 位体育教师进行了访谈。因为下大雨，原来准备的观摩体育课和观摩学校的课间操活动改为对刘艳老师的体育课说课进行评课。

　　三汇中学创办于 1945 年，是一所高级完全中学，位于忠县腹地，典型的大山中的学校。学校从山底沿着山坡而建，拾级百十来米而上，校园景色优美，俯瞰山底公路，那正是学生每天上体育课和跑操的地方，景色虽美，但着实让人担心，这可是违反交通法的啊。因为三汇中学场地实在狭小，只有 60 米长、60 米宽，还是泥场地，3 月 30 日正赶上下大雨，所以，三汇中学公路上的体育课和课外体育活动，我们只能错过了。据校长介绍，今年忠县政府将投资 6000 万为三汇中学建一个 400 米的体育场。

三汇中学有学生 3000 多人，57 个教学班，初中只有 250 人。考入三汇中学高中的学生，中考的文化课成绩并不高，因此，三汇中学对学生一手抓文化学习一手抓艺体特色，与其他高中进行错位发展。三汇中学的艺体教师都是科班出身，都是极其能吃苦耐劳的教师，三汇中学是同类学校中艺体考生最多的学校，也是艺体考生考入大学最多的学校，自 2008 年以来，三汇中学不断培养出能上重点大学的学生了，如北京体育大学、成都体育学院、武汉体育学院、陕西师范大学体育学院，每年少则十几名，多则 20 多名。2017 年又有 40 多名高三的体育考生将参加高考。

三汇中学是忠县的足球特色学校，所以高中每周 2 节体育课，初中每周 4 节体育课，其中 1 节就是足球课。因为场地太小，学校每周一、三、五是单数年级出操，每周二、四是双数年级出操。出早操的年级当天就不上课间操了，依次轮换，间隔进行。学校也有篮球、排球、田径、武术、长跑等课外体育训练，都是在公路上没有汽车通过时进行。每次公路两端会有 2 个教师看守，车来了就暂停练习，车通过了，再出来练，为此，学校领导要和县教委签安全责任书，体育教师要和学校领导签安全责任书，学生要和体育教师签安全责任书，实施安全责任到每一个教师、每一名学生。尽管条件这样艰苦，三汇中学在每年忠县运动会中都会取得优异的成绩。

三汇中学艺体教师的待遇与其他学科教师相比要高一些，高考目标的实现主要是艺体学科，艺体教师对学校给予的待遇也比较满意。例如学生被重点艺体类大学录取时，会将带训教师和带班考入重点大学的文化课教师同样对待，都会奖励 1 万元，这是忠县的教育质量奖。有一年三汇中学两位体育教师带训的学生考入了北京体育大学，学校给每位教师奖励了 5000 元，因为这名学生家境困难，两位体育教师把这笔奖金捐给了这名学生，充分体现了三汇中学教师爱生、助生的拳拳之心。

关于学生安全的问题，忠县每年给每个学生上 200 元的保险。县里组织的体育比赛，都会额外再买一些保险。但平时体育课中，也会把标枪、铅球、铁饼等危险性大的教学内容取消。

可见，在这之前，忠县制定的有关文件中，有关学校体育经费问题与当地财政部门资金有限，对忠县有些学校体育场地设施与器材配置达标率达到 100% 的支持力量还是有不足之处的。

三汇中学体育教师的敬业精神堪称楷模，出操的学生每天早晨 5:50 到场地，5:45 高三的 5 位体育教师一定是在场地等候着。学生在公路上跑步，每一公里一定有一个体育教师在守候。下雨时，学生淋着雨，体育教师一定不会打伞。11 位体育教师个个都有动人的故事。刘乘旭教师从小就酷爱体育，特别是足球，就是想当体育教师，大学毕业后，受身高不够高所限，也没有学校录用他。后来，他来到忠县的一所小学工作，但不是体育教师。现在，三汇中学领导将他引进学校，聘为足球教师和足球队教练员，他非常感谢学校，也非常珍惜这个来之不易的体育教师的工作。为了不断提高自己的各种能力和水平，2013年以来，他自费参加了足球中国教练员培训班、国家足球骨干教师培训、忠县足球特色学校交流活动，现在在努力促进忠县足球协会的成立工作。

三汇中学体育教师对走出大山，走进城市参加培训，开阔知识与眼界是很向往的。体育理论学习很必要，但若能连续一周每天都看一个学校的 2 节体育课，观摩多个教学年级、多个教学内容、多种课的形式（如新授课、复习课、考核课等）的体育课或训练课，还有指导师现场评说与指导，就会很有效。

我们知道，支配政策结果的，最重要的因素是执行的问题。从三汇中学学校体育工作的情况来看，要求开齐开全体育课，保证体育课的教学质量，学生每天课外锻炼一小时的政策要求的执行困境已经化解（如学生在校时间的有限性、教师的工作态度、学校及学生对文化成绩的过于投入，以及对政策要求的实施缺乏充分的指导和必要的体育场地器材的资源等），这些问题在三汇中学都得到了有效的解决。

3. 甘井中学

3 月 31 日上午，调研组赴甘井中学进行调研工作。对甘井中学副校长刘帮银，体卫艺主任雷杜臣，体育教师吴志海、王海宁、彭小军、周红秀、邹乐、毛羽、张兴龙、邓红进行了访谈。观摩了邹乐老师上的初一年级篮球双手胸前传接球的体育课教学，观摩学校的课间操活动，抽选了初一 5 名女生和 5 名男生进行了坐位体前屈、一分钟仰卧起坐的测试。

甘井中学是 2003 年三峡工程移民过程中，由两所中学合并而成立的一所初中新学校，全校 3000 多名学生，48 个教学班，每年有 500 名左右的初三学生，中考后能升入市级重点高中，是重庆市初中教育的一张名片。学校有体育领导小组和体卫艺处，保障了学校开齐开足体育课和每天大课间体育活动。学校的体育特色是"一绳一操一球"，学生每人自己有跳绳，课间操三操中有一套教师自编的课间操，一球是学校的篮球运动。

甘井中学的课间操大课间体育活动，时间在 40 分钟。学生在进退场与队列队形中，精神饱满，行进中做到快、静、齐，动作迅速、整齐。课间操做的三套操中，有武术健身操，有体育老师自编的"小苹果"操和"倍儿爽"操，学生动作质量较好，动作整体一致；动作与音乐的配合采用了《小苹果》和《倍儿爽》，时尚新颖；70% 的学生动作标准、正确；动作部位、路线、节奏准确；动作幅度力度符合要求。在运动实效方面，30 秒钟的跳绳 1 次，1 分钟的跳绳 1 次，运动强度中等，运动负荷适中，课间操三套操做完时，我们测试了初一年级的一名带操的女生脉搏是每分钟 126 次，初一年级的一名普通男生脉搏是每分钟 78 次，这个男生正是 30% 学生中的一名，动作不规范、没有力度。30 秒钟的跳绳和 1分钟的跳绳后，我们测了初二年级的一名男生脉搏是每分钟 162 次，初二年级的一名女生脉搏是每分钟 140 次。在学生的组织纪律方面，80% 的精神饱满；学生跳绳动作规范、速度适当，队伍整齐，学生情绪快乐。都说课间操是学校管理水平的一面镜子，从甘井中学的课间操活动，我们看到了学校管理严谨、有序和生动活泼。

甘井中学上半年有体育节（班级篮球、排球的球类活动和班级体育锻炼），下半年有田径运动会和艺术节。学校对体育教师的常规教学工作，每周有督导、有听课、有评比，就是要上好体育课，抓体育教学的质量。学校每周三和每周四分别是初一年级和初二年级开展课外体育活动，初三年级在每天的30分钟课间操中进行中考体育项目的学习与练习，初三学生的中考体育成绩名列忠县前茅。

甘井中学也很重视参加忠县及重庆市级的体育竞赛，跳绳比赛总是第一，篮球和排球比赛历年都在前三名，田径项目逊色一些。

有体育教师9人，教学任务重，每名教师平均每周16学时的体育课。体育教师中，8人是体育科班出身，1人是非体育科班毕业，但是8人体育科班出身的体育教师，有体育师范背景的仅有1人，就是2016年新进入的年轻体育教师邹乐。邹老师年轻帅气，篮球教学好，有很好的个人魅力，毕业于长江师范学院。受邹乐老师影响，甘井中学现在喜欢篮球运动的学生多起来了，这点我们在观摩邹乐给初一学生上的篮球双手胸前传接球的体育课中已有所领略。在对学生的访谈中，学生们都表达了对邹老师的认可和喜欢。

甘井中学对体育教师的业绩考核有两项内容，一是初三学生的中考体育成绩，二是国家学生体质测试成绩。甘井中学对体育教师的薪酬激励有区别对待的问题，如体育教师上一节体育课的系数是1.1，语文、数学、理化、外语主科教师上一节课系数是1.4。这反映了甘井中学校领导赋予学科的优先顺序问题，使得学校领导主观上对体育学科地位重要性的认识不足。

表4-15 甘井中学学生身体素质测试项目及结果一览表

学生情况	坐位体前屈 距离（厘米）与得分	1分钟仰卧起坐（女） 次数与得分
徐周杰（男）	2（66分，及格）	
彭 豪（男）	13.5（85分，良好）	
陈海林（男）	8.8（76分，及格）	
田元杰（男）	-3（60分，及格）	
冉俊豪（男）	3（70分，及格）	
肖沁萍（女）	6（66分，及格）	28（68分，及格）

续表

学生情况	坐位体前屈 距离（厘米）与得分	1分钟仰卧起坐（女） 次数与得分
赵艳婷（女）	7（68分，及格）	25（65分，及格）
秦 曼（女）	20.8（95分，优秀）	30（70分，及格）
邹菁雲（女）	17.2（85分，良好）	29（69分，及格）
王骆华（女）	14（78，及格分）	24（64分，及格）

注：中学男生在《国家学生体质健康标准》测试中没有一分钟仰卧起坐项目的测试，而是单杠引体向上项目的测试，因为上午观摩完体育课和大课间体育活动开始下雨，所以，我们没有测试男生的单杠引体向上项目。

我们对学生的评分结果显示，坐位体前屈 10% 是优，20% 是良好，70% 是及格；一分钟仰卧起坐全部是及格。

4. 义兴学校

义兴学校是一所义务教育九年一贯制学校，学校 28 个教学班，14 个初中班，14 个小学班，体育专业出身的体育教师 2 人，兼职体育教师 1 人，急需对兼职的体育教师进行培训与提高。学校无操场，水泥场地上设置了篮球场、排球场，有乒乓球场地。学校体育场地小，初中每周的周一、三、五上操，小学周二、四上操，学校体育场地不能满足体育课教学和课外体育活动的基本需要。小学每天 4 点放学，学生也没有条件进行校外的体育活动，忠县是一个有悠久历史的"教育大县"，学生家长很重视学生文化学习，对艺术体育的认识和重视都很不够，家长对学生的希望还是读大学。

吴灿华校长说，学校对体育教师的工作考核，主要是参加县里体育竞赛的成绩和获奖情况，所以，体育教师也是紧抓一些有体育特长的学生练，争取在县里的体育竞赛中获得好成绩，有忽略大多数学生体育学习发展与提高的情况。学校领导也认识到这个情况不好，急需"如何更方便、简捷、有效、全面地评价体育教师的工作绩效"的方法与方案的学习、参考与指导。

体育教师反映强烈的问题也是学校对体育教师的评估不是很公平，影响了体育教师工作的积极性。例如，义兴学校对体育教师的评估有两项：一项是由班主任给所有任课教师评分，通常班主任给体育教师的评分会有意拉低；一项是由学生参加体育比赛的成绩来决定。所以，体育教师不会重视体育课的教学，而更重视学校运动队的训练与竞赛。

学校的课外体育活动，上半年有篮球、排球、足球和乒乓球运动会，下半年有田径运动会，还有为参加县里"六一儿童节"而进行的文体活动，这些都需要具有艺体专业能力的教师来筹划、训练，感觉艺体师资的专业力量需要培训与提高。

学校体育工作中，学生的安全问题也是一个难解的问题。义兴小学一个班的班主任在课外体育活动中带学生练跨越式跳高，一个学生膝关节的半月板受伤，学校赔付了七八万块钱。真是学生安全无小事，小事都是大事。

5. 忠县中学

忠县中学新建于 2002 年，学校环境优美，有 8000 名学生，是一所规模很大的学校，学校有 400 米体育场地一块，另外一块 200 米的小体育场地，新的室内体育馆正在建设中。

忠县中学田飞主任说，学校体育工作中学生的安全问题是一个比较普遍的问题。忠县中学有一年在初一年级开展班级足球赛，一直都很顺利，但在决赛时，一名学生的脚受伤了，县里给学生上有保险，但额度不够给受伤学生进行赔偿。

忠县中学的体育活动经费投入很大，每年有几十万，学生去参加比赛，都是学校自己出钱，如忠县教委要求必须参加的女排比赛，忠县中学也愿意自己出钱，让学生参加高水平的比赛，提高球队的实力和水平。忠县中学的足球、篮球、排球都有校队，水平也可以，排球、田径都是重庆市比赛的第四名，男篮是重庆市学生甲组水平。带队的体育教师都不是这些体育项目专业的，都是自学成才，需要对他们进行项目专业培训与提高，最好是"点对点"的专业性培训，那样，校队的水平会更高。

忠县中学的课间操，初一、初二是啦啦操、竹竿舞、学校自编操，初三是中考体育的项目锻炼。课间操冬天有跑步，夏天有游戏。

忠县中学的学生到了高中阶段，对体育的认识和积极性急剧下降，女生尤其突出，如何调动学生体育学习和锻炼的积极性确实是个大问题，学生"出工不出力"，教师真是为难。需要对体育教师和班主任班级管理上的体育激励方法的培训与提高。

6. 忠州中学

忠州中学是一所规模较大的学校，学校有 3000 多名学生。高中 54 个班、初中 36 个班，学校有 20 名体育教师，体育教师都很敬业，但专业水平参差不齐。学校的体育场地只有 200 米的操场，学校可以保证学生"二课二操"，即每周 2 次体育课，2 次课间操。体育课和课间操都要轮换进行，因为体育教师的数量和体育场地都不能满足全体学生每天做操的需要，有的班周一、三、五做操就不能有体育课，有的班周二、四做操就没有体育课。不过，学校很快就要启动新校区的建设了，再过一段时间，学校的困境会有改变。忠州中学也有篮球、排球、足球、田径训练队，但专业系统的训练还是有问题，需要对体育教师进行专业培训与提高。

从忠县的调研来看，当地实现 2016 年《国务院办公厅关于强化学校体育促进学生身心健康全面发展的意见》中提出的"天天锻炼、健康成长、终身受益，到 2020 年，学生体育锻炼习惯基本养成，运动技能和体质健康水平明显提升"的目标还有不小的困难。《"健康中国 2030"规划纲要》提出的有关青少年体育活动的促进计划任重道远。

上述学校体育工作中要面对的问题是：

一是学校体育场地器材不足的问题。在课间操中，只有初一和初二的学生能在操场上跳绳、做操；初三的学生只能利用学校的各种边角空地进行中考体育项目的练习。初三年级体育课和课间操都存在考什么就学什么、练什么的问题。

二是体育教师的职业自豪感不足。有些体育教师是无奈之下才当体育教师的，工作主动性和积极性都不足。非体育师范出身的体育教师们体育教学的一专多能驾驭能力弱，只有大学学的专项勉强可以，其他体育项目都弱。初中体育教学中有的教学内容，大学体育课程中都应该有，可能与有些大学的体育课程开设不全或教学水平不高有关。体育教师45岁后，都存在示范困难、不标准的问题，培训中要重点关注这类问题。

三是体育课学生学习兴趣的培养很重要，但基本上家长不重视，学生也不重视。大家都认为体育再好，高中毕业后，考不上大学，出路在哪里是非常切实的问题。

（三）体育课教学分析

3月30日至31日，调研组两组人员分别对6所学校体育教师的教学基本功与专业技能、体育教学的设计与组织、场地器材的安排等方面进行了观摩与评课。总体情况是体育教师的体育课教学体育内容设置较为完整，教学基本过程完整。但在体育课室外教学课、体育课室内教学课和体育课说课方面也呈现出一些问题。

1. 对体育教师说课的分析

体育教师说课呈现的问题有：

（1）说课中每个教学要素之间的联系不紧密，痕迹明显，如"学生学情分析""体育教学流程"等。

（2）体育教师对体育教学课的密度、练习密度、课的负荷、学生心率与体育课负荷的关系等概念理解不透彻。

（3）体育教学过程中没有充分解决好体育教学重点和教学难点的问题。

2. 对体育教师室外课的分析

体育教师室外课呈现的问题有：

（1）体育教学中学生的练习密度不足，学生运动负荷不足。

（2）体育教师在师生互动和因材施教处理方面能力不够。

（3）体育教师对体育教学内容的设计能力有所欠缺。

（4）体育教学中对学生的体育学习激励方法实效性不足。

（5）在学生分组练习中忽视了学生性别差异的影响。

3. 对体育教师室内课的分析

体育教师室内课呈现的问题有：

（1）室内体育课教学中，体育教师不重视动作示范。

（2）教学中过于强调学生对文字内容的记忆，而忽视了体育课的特点是以身体练习为主要教学手段，学生掌握体育知识、发展体育技术、提高体育技能的问题。

（3）教学中师生互动不足。

（4）教学中对学生的启发不足。

（四）体育教师教学基本功及培训需求的分析

表4-16 中学体育教师专业基本功自评

维度	内容	内容	好	良好	合格	不合格
队列队形	向左转走	口令	18	5	3	
		示范	16	9	3	
专项技能	田径：蹲踞式跳远	讲解	10	13	3	
		示范	8	14	9	
		说出5种教法措施	3	12	11	
	篮球：体前变向换手运球	讲解	12	9	5	
		示范	11	9	6	
		说出5种教法措施	6	10	10	
	体操：技巧—鱼跃前滚翻、肩肘倒立—经单肩后滚翻成跪撑平衡；单杠—单足蹬地翻身上	讲解	7	11	8	
		示范	5	9	11	1
		说出5种教法措施	3	8	10	5
	武术：抽拳弹踢、提膝架推	讲解	6	7	13	
		示范	6	6	14	
		说出5种教法措施	4	7	14	1
民族民间特色体育活动项目	特色体育活动	讲解	2	10	14	
		示范	3	10	13	
身体素质与"课课练"	素质练习	讲解	12	8	6	
		组织活动描述	9	8	9	

专项技能中，中学体育教师的体操和武术以及民族民间特色体育活动专业基本功自评结果是较弱的。

（五）学校体育政策执行环境分析

我国学校体育改革与发展中存在一个问题：一方面，党和政府对学校体育工作和青少年健康成长高度关切，在中央政府层面已逐步完善了学校体育政策体系，以实现对学校体育发展的引领和规制；但另一方面，学校体育改革与发展中的一些重点、难点问题，如青少年体质健康问题、体育与健康课程改革问题、体育教师专业发展问题等，始终未能在有关政策的推动下得到根本性的解决。这种现象存在的原因很多，但政策的执行问题是政策发挥效能的根本问题，因为支配政策结果的，最重要的因素是执行的问题，这使得政府层面的学校体育政策，到了基层基本处于部分执行和选择性执行的层次。

政策环境对学校体育政策的执行而言是一种不可小觑的掣肘因素，学校体育政策执行不力并非因为政策设计不够科学，而是由于缺乏适宜的政策运行环境。学校体育政策的实施与可供支配的资源的多寡等政策环境变量有关，社会、政治、经济、文化等因素大大超出了学校教育能控制的范围，如教育对教师的更高要求、学校的特别事件、家长的关切、社会的聚焦，都会影响到学校体育政策的执行与落实。

学校体育政策能够在多大程度上得到执行，很大程度上取决于地方教委领导、各学校校长赋予其的优先顺序。校长主观上认识不到学校体育的重要性，认为语数外等学科更为重要，使得体育学科的地位较低，体育教师的待遇、职称晋升都处于不利之地位。

通过忠县的调研，我们也认识到，学校体育政策的实施绝非一个简单的"自上而下"或者"由中心到边缘"的线性运行过程，而是一个复杂的、高度情境性的过程，不同的"情境"和"场域"对于政府学校体育政策的执行有着不容忽视的影响。必须高度重视政策执行过程中存在的各种关系、结构和利益表达。

学校体育政策的实施和目标的实现需要相关配套的政策协同，仅仅依靠单一政策来解决学校体育问题的可能性日益减小。为此，政府有必要构建了一个学校体育活动多维政策生态模型，把国家、地区、学校等层级的体育活动政策联系起来进行整体性考虑。

四、调查结论

忠县教委对学校体育工作开展提供的促成环境良好，忠县每个学校都已能开全开齐体育课，每个学校都能保障学生每天锻炼一小时。忠县在学校体育工作方面主抓了"四个纳入、三个确保、一个重点推进"，成效显著。但在体育教师评估制度的设计上还有待提高。

学校体育工作基本情况良好，但要达到"学生天天锻炼、学生体育锻炼习惯基本养成，运动技能和体质健康水平明显提升"的目标还有不小的困难。在学校体育场地设施与器材配置上、学生每周参与体育活动达到中等强度的次数上、国家学生体质健康标准达标优秀率上，工作还任重道远。

体育教师的职业自豪感不足，有些体育教师是无奈之下才当体育教师的，工作主动性和积极性都不足。非体育师范出身的体育教师们体育教学的一专多能驾驭能力弱，只有大学学的专项勉强可以，其他体育项目都弱。

体育课学生学习兴趣的培养很重要，但基本上家长不重视，学生也不重视。大家都认为体育再好，高中毕业后，考不上大学，出路在哪里是非常切实的问题。

在体育教学上，总体情况是体育教师的体育课教学体育内容设置较为完整，教学基本过程完整。但在体育教师体育课室外教学课、体育课室内教学课和体育课说课方面也呈现出一些有待提高的问题。

忠县体育教师专项技能自评中，中学体育教师的体操和武术以及民族民间特色体育活动专业基本功自评结果是较弱的。忠县对培训工作的需求是：需要对学校校长进行培训，以提升校长们对学校体育工作重要性的认识；需要对体育教师的专业技能进行点对点的培训；需要对体育教师进行室内体育课的设计、开发、实施的培训，因为忠县常下雨；需要对体育教师进行安全教育与课堂把控能力培训；需要对学生体育兴趣的培养与激发技能进行培训。

忠县学校体育政策的实施，也是一个复杂的、高度情境性的过程，不同的"情境"和"场域"对于政府与学校对学校体育政策的执行有着不容忽视的影响。

五、建议

此次调研，我们只是管中窥豹。建议忠县学校体育与体育教师培训要关注以下的问题：在贯彻实施青少年体育活动促进计划中，忠县教委要向学校明确提出广泛开展学校青少年体育活动、普遍增强青少年体质的目标任务；要确实保障学校体育场地建设、体育器材耗损的补充；要在学校体育工作的评价中，明确将学生运动技能掌握、学生体育活动时间、学生体育活动强度、学生体质健康标准测试达标率和优秀率等5个方面的达到度，作为学校学生体育活动促进指标的要求。

我们也期望看到，忠县的中小学校，不断深化体育教学改革，完善课外体育活动体系，增强体育活动开展的基础保障，加强评价监测，做好组织实施；将面向全体学生的常态体育课、早操和课间操等课外体育锻炼活动、课外体育训练、课外体育竞赛开展好；大力推进与实施青少年体育活动促进计划，保证学校体育促进学生身心健康发展的目标实现。

作为培训方，我们应该思考的问题是：（1）加强对校长的培训，提高校长、教师对体育教育的认识，方能重视体育;（2）满足学校对特定项目的需求,进行有针对性的培训;（3）进行分阶段、分层次的培训，尤其是分层次的培训，要考虑城乡学校硬件和师资条件的差异；（4）采集丰富的质性材料，对特殊事迹、特殊人物进行剖析；（5）加强对体育教师体育教学基本知识的培训；（6）提供校园足球教师的培训；（7）加强培训机构与体育教师的交流与互动。

第六节 山东曲阜农村中小学体育教师培训前期的基线调研

一、调研工作组基本情况

（一）调研工作组本次调研基本思路及目标

调研基本思路基于前一期培训工作成效和经验,结合曲阜市特有的文化内涵,本着"思考体育教师之困惑，解决体育教师之疑难"的思想，以认真、细致、务实、创新的态度调查分析曲阜市学校体育发展的现状与问题，挖掘进一步教师培训工作的落脚点，进而为曲阜市学校体育发展提供精准服务与有效支持。

调研目标：（1）了解曲阜市学校体育发展的整体情况；（2）分析曲阜市学校体育师资结构合理性；（3）分析曲阜市学校体育教学中存在的问题，并对问题的性质进行界定；（4）分析曲阜市学校体育教师职业发展中的主要困惑；（5）掌握曲阜市学校体育教师的培训需求；（6）提出下一步培训工作应解决的核心问题。

（二）调研工作组工作流程

调研工作组于2017年3月进行了曲阜市调研工作的筹备会，对调研工作的组织管理、调研目标、任务分配、注意事项等工作进行了具体部署。5月3日—5日与联合国儿基会项目官一起赴曲阜市进行了为期3天的调研（调研了六所学校，分别是曲阜师范大学附属中学、曲阜一中、石门山中学、昌平一中、舞雩坛小学、田家炳小学），并就下一步的培训工作进行了对接。

图4-2　调研工作组工作流程

（三）调研工作的实施方法

本次调研工作采用自上而下的路径，对曲阜市教体局、曲阜市中小学两个层面的相关人员进行座谈、访谈、观察、问卷调查，对学生体质健康进行了随机抽测，并对所收集的信息和数据进行了定性分析和数理统计，以分析结果作为项目实施规划的基础。

二、曲阜市中小学学校体育发展概况

（一）学校体育发展的政策背景、特色及优势

曲阜市学校体育发展践行"健康第一"的教育理念，以"人人有体育项目、班班有体育活动、校校有体育特色"为目标，坚持"校内与校外相沟通""课内与课外相结合"，不断探索学校体育发展的新模式。目前，曲阜市以体育艺术社团建设为抓手，打造学校特色与品牌社团建设，坚持"特色社团立校、特色社团强校、特色社团兴校"理念，扎实落实了学校社团建设的各项举措。

曲阜市学校体育的特色优势项目包括实验中学的围棋、象棋、国际象棋，时庄街道中学的"六艺大课堂"，田家炳小学的抖空竹，民族小学的大课间民族舞操，明德中学的跳绳，舞雩坛小学的足球操，王庄辛庄小学的兔子舞，石门山歇马亭小学腰鼓，姚村、薛村

小学的古韵太极，吴村镇的师生太极，尼山昌平中学的啦啦操和竹竿舞，王庄镇岳村小学传统游戏进校园等。

曲阜市教委较为重视体育教师师资队伍建设，注重教师的选拔和培养，每年至少召开10次以上体育专业教师培训会，相继组织开展了全市中小学教师基本功大赛、教坛新秀评选、三课大赛、教研员大讲堂、送课下乡、片区教研等系列业务活动。

为了保证学校体育的有效实施，曲阜市教委将学校体育场地建设和设施器材配备作为学校标准化建设的重要项目，在"全面改薄"工程中，先后投资300多万元，为全市中小学配备了体卫艺器材。新建篮球场地30余片、排球场地20余片、室外乒乓球场地60台，新增体育场地面积近10万平方米，98%以上的学校全部按标准配备安装体育活动器械。

（二）学校体育发展面临的主要问题

目前，曲阜市学校体育师资主要面临如下问题：（1）农村学校普遍存在教师兼教体育学科，给体育教育教学带来了负面影响；（2）师资不够，兼职和转科、调岗的教师较多，无法保证体育活动的高效开展；（3）教师观念老旧，把体育学科当成"副业"，甚至把体育当成简单的课外活动；（4）体育教师外出学习和培训的机会太少，特别是年轻教师；（5）体育教师评价奖励制度和考评机制欠缺。

三、曲阜市中小学校体育师资概况

目前曲阜市中小学体育教师总人数为360人，总体来说，曲阜市体育教师年龄结构、职称结构较为合理；性别结构基于体育学科特点的考虑，也较为合理；兼职教师比例较高，体育师资较为匮乏。

（一）年龄结构

年龄结构中，以中青年教师为主，其中26～45岁教师的比例达76%。

（二）性别结构

性别结构中，男性占比为79%，比女教师高出58个百分点，也充分反映了体育学科的特点。

（三）城乡结构

城乡结构中，市区教师人数占比为27%，乡村教师人数占比为73%，可以看出乡村教师占比很高，这一群体也是体育教师培训中应予以考虑的重点对象。

（四）职称结构

职称结构结果显示，中一职称占比较高，达41%，其次是中二，达24%。但是在调查中也发现，体育教师职业晋升存在较多的问题，尤其是与其他学科之间的平衡问题。

（五）编制情况

从编制情况来看，曲阜市兼职体育教师比例较高，这一定程度影响到体育教学的质量。因此，在培训中应该有对兼职体育教师的针对性培训，以满足曲阜市尤其是其农村体育教学的需求。

（六）学历结构

从学历结构来看，曲阜市中小学体育教师以本科学历为主，调研工作组并未对学历和年龄进行交叉调研，因此只能初步判断年龄与学历呈负相关关系。其中，已出现研究生学历层次的教师。从学历层次看，曲阜市中小学体育教师已具备相互交流学习的良好条件。

四、曲阜市中小学学校体育教学现状分析

（一）学校体育教学的扎实基础

基于对课堂教学的观察以及对体育教师的访谈，总体来说，曲阜市学校体育教学要求较为严格，教师的教学专业素养较高，教学质量有充分的保证。在实际教学中，中小学体育教师基本能够做到：教学设计合理有效；教学中的练习密度、运动负荷基本达到标准；教学中的口令清晰、规范；能较好地完成教学任务；在教学中注意到师生互动、因材施教；在教学中注意到安全隐患并予以提醒；教学示范规范；在教学中注重"课课练"，促进学生身体素质的提升。

但是，需要强调的一点是，基于时间原因，调研工作组只对小部分的体育教学进行了观察，而且多数老师已经提前接到通知，所以工作组所观察的课程并非真正意义上的"常态课"，这也影响了工作组对课堂教学的客观评价。

（二）学校体育教学中存在的主要问题

在课堂教学观察中，调查工作组认为中小学体育教师普遍存在一些问题，并就这些问题与体育教师进行了交流。（1）教学理念：在教学中较多注重形式、设计，对学生成长的关注有但不足。（2）教学设计：在教学设计中面面俱到，看似无可挑剔，却没有亮点，缺乏创新，对学生发展的时代性体现不足。（3）教学文件：体育教师普遍轻视教案的撰写，存在教案撰写不规范、内容不详实、分析不透彻等问题。（4）教学方法：在教学方法中多以讲授、分组练习为主，教学方法单一，并未与学生年龄阶段、心理发展阶段有效结合起来；教学的重难点不明确，对重点、难点缺乏深刻的认识和明确的界定。（5）教学互动：在教学过程中，多数教师有和学生互动的痕迹，但很容易落入形式，是生硬的，缺乏鲜活的沟通。（6）学生主体性：在教学过程中，仍以教师为教学的主导者、掌控者，学生的主体性体现不足。（7）专项技能：在教学过程中，体育教师的专项技能仍有较大的探究空间。（8）心理成长：在教学过程中，较多地注意运动技能的培养，忽略学生的心理成长，

以及在此基础上综合素养的培养；在教学中秩序井然，但是学生在被动地接受任务，学生之间缺乏交流、互动，缺乏合作、协调，缺乏理解、互助。（9）教学安全：或是缺乏对安全隐患的敏感性；或是在对学生进行安全提醒的时候，不够具体，针对性不强。（10）教学评价：教学过程中，对学生学习的评价不具体、指向性不明确，欠缺对学生学习关键点的把握。（11）教学原则：在教学原则上，缺乏因材施教的有效贯彻，缺乏发展性原则的有效贯彻。

当然，基于山东省属于人口大省的背景，体育教师，尤其是城区的体育教师备受班额的困扰，这使得很多教学设计和思路难以实施。部分农村学校规模萎缩，但是兼职体育教师现象突出，亦是困难之一。部分学校聘请实习生进行授课，但是缺乏相应的指导，使得课堂教学效果远远低于标准，并极大地影响学生知识和技能的掌握。

五、曲阜市中小学校体育教师职业发展现状分析

（一）职业认知

职业认知主要指体育教师对自己职业价值的认识，以及对自身职业在社会中地位的看法。从调研中我们可以看出，体育教师的职业认知来自于五个方面的因素：第一，社会对体育及体育教师的看法；第二，教育行政部门的政策实施影响到体育教师的职业晋升，进而影响到其职业认知；第三，学校对体育学科及体育教师的看法；第四，自身职业经历所造就的认识；第五，学生反馈对体育教师职业认识的影响。

在对曲阜市体育教师的访谈和课堂观察中，调研工作组初步得出如下结论：（1）社会环境中重主科学习，轻体育锻炼，使得体育教师的社会认同感较低，虽然山东省中考体育学科成绩占60分，但是应试教育的应对态度加剧了社会对体育的片面认识；（2）教育行政部门关于学科考核指标中，对体育教学特点的反映不足，体育学科地位有所缺失；（3）学校领导对体育学科重视不足，甚至反映在职称晋升、业绩考评、工作量要求中，极大地影响了体育教师的工作积极性；（4）社会认同的压力，教学安全问题的考量，家长对受伤事件的指责，大班额教学、超额工作量等因素所导致的职业倦怠造成体育教师职业认知上的偏差。

（二）职业发展

在本项目的实施中，关于职业发展主要采用了三个指标，分别是职称评定、职业晋升、在职培训。从调研中可以得出如下结论：（1）在职业晋升中与其他主要学科之间在标准、机会上的较大差距，使得体育教师职称晋升的难度加大，且容易进入瓶颈期；（2）体育教师基于较强的组织协调能力，有着职业晋升方面的优势，如某学校一个7年教龄的年轻教师已经被任命为其他学校副校长；（3）体育教师在职培训方面有着较大的城乡差异，相比之下，农村学校在职培训机会较少，这主要受两个方面因素的影响，一是学校领导的

重视程度不足，二是学校的相关经费非常有限。

六、曲阜市中小学体育教师培训需求分析

为了深入了解曲阜市中小学体育教师培训需求，调研工作组设计了《学校体育教师培训需求调查表》，问卷包括五个维度（体育政策、教学技能、专项技能、活动组织、心理发展），21个选项，教师根据自身需求在需要的项目后画勾。同时就培训需求，调研工作组对教师进行了集体访谈，从更深层面了解曲阜市中小学体育教师的培训需求。

（一）体育政策

总体来说，关于体育政策培训的需求较高，体育教师们希望了解更多最新出台的体育教育政策，以及其对体育教学的直接和间接影响；同时也希望对新课标的精神有所把握，尤其是其在具体教学实施中的要求。

（二）教学技能

在教学技能方面，较多的体育教师希望接受体育教学设计、体育教学方法、体育教学观摩方面的培训，尤其是体育教学观摩，教师们希望能够有更多常态课的观摩，重要的是观摩中的参与与交流，如让参训教师对观摩课进行评价与反思。

（三）专项技能

体育教师们对专项技能培训的需求较为强烈，尤其是自己专项之外的项目，很多教师都提出很难胜任其他专项的教学。关于专项技能的培训需求主要集中在篮球、足球、田径、韵律操四个项目上。

（四）活动组织

在活动组织方面，95%的教师选择了体育游戏设计与应用，这与小学生体育学习特点有关系，小学阶段儿童非常希望游戏形式的学习与交流，说明体育教师们充分认识到了体育游戏的作用。其次是对大课间活动组织的相关培训。

（五）心理发展

从调查结果看，体育教师们较为重视心理发展方面的培训，尤其是学生心理发展特点的内容，这对大班额教学、新任教师来说需求更为迫切。其次是教学心理规律的相关培训。

（六）总体需求

通过对整体需求的统计分析可以看出，排在前五名的培训需求分别是体育游戏设计与应用、体育教学观摩、体育教学设计、学生心理发展及常见问题应对、国家最新体育教学政策解读。从调研过程中的观察与访谈来说，有三个方面的问题较为突出：一是教学过程中的问题，如体育课堂组织、体育课堂互动、教学安全事项等；二是教学基本规范，主要

包括教案的撰写、教学动作示范等问题；三是大班额问题，体育教师在教学中面临较大的课堂组织困难以及课堂安全问题。

七、对本项目实施规划的建议

基于对项目实施的理论分析，以及对前期调研结果的数据统计和质性分析，调研工作组认为在进一步的项目实施规划中应该纳入如下因素：

图 4-3 项目规划建议

（一）一条主线

调研结果显示，曲阜市体育教师编制分化较为严重，城乡差异较大，而中小学的教学现状和培训需求亦有所不同，因此，在教师培训中应该坚持一条主线，即分层次、分阶段地开展培训工作。所谓分层次，即将城乡教师分开进行培训，以满足城乡教师的不同需求；所谓分阶段，是按照学段来进行培训，从小学到初中、再到高中，逐步展开培训。

（二）两个模式

考虑到培训效果和培训成本等因素，在曲阜市体育教师培训中建议用两个模式，一是"走出去"的模式，即遴选部分体育教师来京进行培训，培训的内容较为全面，可以涉及各个领域和专项，解决"提高"的问题。二是"请进来"的模式，即培训专家赴曲阜地区进行实地指导，主要内容是教学指导，看课、评课、开展教研活动，解决"基础"的问题。

（三）三个平台

包括培训专家讲习平台、教师教研交流平台、网络信息学习平台。项目实施的时代背景和文化背景尤为重要，如何能够与信息时代寻找契合点是当前教育的主要课题。在进一步的项目规划中，应充分纳入信息资源。同时，曲阜市作为一座具有深厚文化底蕴的城市，教育本身也积淀了很厚实的优良传统和宝贵经验，所以在项目实施的过程中，不能舍本逐末，忽略本地的教育资源。此外，首都体育学院在本次项目中负责重庆忠县与曲阜两个地区的教师培训，如何能够促进两地优质资源的交流也是一个非常有潜力的落脚点。基于此，在进一步的培训中，可依托三个平台展开培训。

其中，专家讲习平台，即专家为教师进行专题讲座，可采用班级授课形式，也可以采用远程授课形式。教师教研交流平台，即教师之间开展教学观摩研讨及其他教研活动。教师教研交流平台包括两个部分，一部分是本地教师定期举办教研交流；另一部分是依托本项目，每年度展开一到两次忠县、曲阜两地教师教研活动。网络信息学习平台，即通过网络媒体等方式展开培训，如目前由专家团队成员开发的素言体育微信公众号、素言体育网站等公益性网络媒体平台已经在中小学教师群体中具有广泛影响力，可助力项目的有效实施。

（四）四个基点

经过对调研结果的深入考量，调研工作组认为项目培训有四个主要点，包括提升体育教师职业认知、满足重点培训需求、抓捕典型故事案例、配合学校既有特色及规划。

首先，提升体育教师职业认知。职业认知的形成是一个漫长的过程，影响因素也较为复杂，但是如果忽略职业认知的问题，所有的培训工作将会成为无源之水。提升体育教师职业认知的培训包括两个方面：一是心理知识的传授，为体育教师形成对体育职业前景、个人发展的正确认识提供素材；二是为体育教师提供"吐槽"的机会，基于管理学中的霍桑原理，吐露怨言也是释放压力的有效途径。

其次，满足重点培训需求。在不同项目县，对培训有着迥异的需求，根据曲阜市的调研结果，结合首都体育学院的优质资源，有针对性地满足重点培训需求，同时注重培训的反馈机制，最大限度地提升培训效果。

再次，抓捕典型故事案例。在调研过程中，有三个事件给调研工作组留下极为深刻的印象。一是田家炳小学，一对双胞胎执着于抖空竹，且成绩优异，正在备战国际比赛，该校校长也强调学校全员参与抖空竹以后，成绩有所提升；二是大庙小学（乡村小学）一名体育教师，在全校规模200人左右的情况下，带领学生刻苦练习足球，拿下曲阜市儿童男足、女足第一名的成绩；三是昌平一中，一名有7年教龄的体育教师，能力突出，已经被任命为另一所学校的副校长。这些故事一方面彰显了体育的魅力，另一方面也是现成的培训资源；随着培训的深入，也会涌现出一批因培训受益的典型故事。故事案例本身更具说服力，作为质性材料的呈现，可促进项目的可持续开展。

最后，配合学校既有特色与规划。曲阜市教委高度重视学校体育的发展，已经形成了自身特色及优势体育项目，每年制定详细的学校体育发展规划，同时也与本项目的实施密切结合。因此，在本项目进一步开展的过程中，着眼于曲阜市教委既有优势以及已有规划项目，如校园足球、抖空竹、民族舞操、体育与健康学科教师"三课"比赛、体育与健康学科"送课下乡"活动、中小学生校园足球赛、中小学体育教师教学技能比赛等，提供针对性的服务与支持，助力提升曲阜市学校体育发展的质量。

第五章 农村中小学体育教师培训实施精细指导

由于体育教师培训项目的复杂性和难度，在面对不同的培训学员、掌握不同的培训资源、不同的培训项目时，体育教师培训项目的实施还是会有很大差异，这就需要做好培训实施的方案设计与执行。

项目是指一系列独特的、复杂的并相互关联的活动，这些活动有着一个明确的目标或目的，必须在特定的时间、预算、资源限定内，依据规范完成。项目实施方案也叫项目执行方案，是指正式开始为完成某项目而进行的活动或努力工作过程的方案制定，是培训项目的施工蓝图。培训项目实施方案的构建，是项目负责人和项目团队成员重要的工作，需要花比较多的时间进行调查、分析、思考、研讨、撰写，是一个研究、设计、写作的过程，也是对培训项目各方面整体化设计的文本表达。培训实施方案制定得好坏，培训实施方案制定是否有针对性、操作性和逻辑性，直接影响培训项目的质量和成效。项目实施方案包括项目培训主题、目标定位、对象分析、内容设计、管理团队、培训方式、考核评价等方面，涉及培训和管理各个环节涉及的目标、需求、时间、地点、人员、内容、课程、条件等方面的设计，使方案最终易于执行。

为贯彻落实《乡村教师支持计划（2015—2020 年）》（国办发〔2015〕43 号）精神，推动中西部农村教师队伍建设，根据《中国政府与联合国儿童基金会国别方案行动计划（2016—2020 年）》精神，教育部与联合国儿童基金会共同启动实施"学校体育与体育教师培训"。作为项目执行单位，北京教育学院和首都体育学院针对云南弥勒、广西忻城、贵州盘州、辽宁本溪、重庆忠县、山东曲阜的学校体育与体育教师现状，突出"体育教师教学能力进阶提升"主题，从中小学体育教师培训者、专兼职等视角进行分层分类，采用赴京集中培训、送培入县，以及线上直播与指导两种方式连续开展 5 年的培训。

第一节 农村中小学体育教师培训实施的理论思考

一、激发学生体育学习兴趣的思考

《义务教育体育与健康课程标准（2011 年版）》的基本理念之一"激发学生的运动兴趣，培养学生体育锻炼的意识和习惯"中明确指出："在课程目标的确定、教学内容和教学方法的选择与运用方面，注重与学生的学习和生活经验相联系，引导学生体验运动乐趣，提高学生体育与健康学习动机水平；重视对学生进行正确的体育价值观和责任感的教育，培养学生刻苦锻炼的精神，促进学生主动参与体育活动，基本形成体育锻炼习惯"。如何贯彻和落实体育与健康课程标准的基本理念，应基于体育教师对体育与健康课程标准的准确把握，基于教师对不同学段学生学习特点的了解和有效激发学生的学习动机，基于对体育与健康课程的理解，基于对教学内容的合理选用……其中体育教师了解和掌握学生的学习特点、学习能力，激发学生学习动机并持续保持学生的学习兴趣的方法、策略，是培养学生终身体育锻炼的习惯非常重要内容之一。

体育与健康课程改革中，从课程的角度、教学的角度、学生学习需要的角度，都非常关注学生的学习兴趣。体育教学设计中的学情分析，要考虑学生的兴趣爱好；课堂实施中要用各种方法、策略激发学生学习兴趣，教学评价手段的运用也要有效地激发学生持续学习的动力，给予积极的评价。但教师对于学生学习兴趣的机制、兴趣的维持保持等理解或关注不够，在方法的运用、策略的选择等方面有值得思考和提升的空间。随着课程、教学改革的进一步推进，需要体育教师深入研究学生体育学习兴趣的内在本质，本书从影响兴趣的相关因素内容思考如何培养学生体育学习兴趣。

（一）兴趣的相关影响因素

1. 兴趣与需要

（1）兴趣

兴趣是人积极探究某种事物的认识倾向，是从事活动的动力因素之一。人的兴趣是在社会实践中发生、发展起来的，兴趣具有倾向性，因此是可以培养的。学习兴趣是指一个人对学习的一种积极的认识倾向与情绪状态，学生的学习兴趣是指学生力求认识某种对象或参与某种学习活动的需要。兴趣分为物质兴趣与精神兴趣，个人兴趣与社会兴趣，直接兴趣与间接兴趣。学生的主观兴趣主要指针对体育与健康课程的不同的个人需要和想象，可能是学生意识到的并且作为自己行动目标的，也可能是在经常性无意识情况下引起学生的行动。兴趣是一种无形的动力，当我们对某件事情或某项活动感兴趣时，就会很投入，而且印象深刻。从对学习的促进来说，兴趣可以成为学习的原因；从学习产生新的兴趣和提高原有兴趣来看，兴趣又是在学习活动中产生的，可以作为学习的结果。所以，学习兴趣既是学习的原因，又是学习的结果。

（2）需要

兴趣以需要为基础。需要有精神需要和物质需要，兴趣基于精神需要包括对科学、文化知识等。学生如果对某项活动感到需要，就会积极地观察、参与，积极从事这项活动；同时兴趣又与认识和情感相联系。若对某件事物或某项活动没有认识，也就不会对其有情感，因而不会对其有兴趣。

需要是有机体内部的一种不平衡状态，是被有机体感受到的一定的生活和发展条件的必要性。需要一般是以一种不满足感或必要感被体验着，并以愿望的形式表现出来的。经典的需要理论有美国社会心理学家亚伯拉罕·马斯洛（1908—1970）的"需要层次论"和莫瑞的需要理论。马斯洛认为个体成长发展的内在力量是动机，而动机是由多种不同性质的需要所组成，各种需要之间，有先后顺序与高低层次之分；每一层次的需要与满足，将决定个体人格发展的境界或程度；人类的需要是分层次的，由低到高，分别是安全的需要、归属的需要、自我实现的需要、求知和理解的需要、美的需要。莫瑞认为需要是用来解释个体的某种客观和主管的事实赖以发生的一种假象结构，它由内在的活动（过程）环境中的事件引起，可唤起身心的紧张水平。需要赋予行为能量并指导有机体的行为，他对需要进行了分类：原始的需要与从属的需要，集中的需要与弥散的需要，反应性需要与前反应需要，显露的需要与潜伏的需要，效应、过程和活动方式的需要。

需要是有层次的，需要是有多样性的，因此，体育教师不仅要了解需要的一般概念，还要研究不同学段学生、不同性别学生、不同背景学生的需要，这样才能真正进行学情分析，了解学生，改进教学。同时需要在发展方面又是有连续性的，兴趣以需要为基础。在中小学体育教学中要了解和合理满足学生的基本需要，同时要研究不同年龄段、不同性别的学生的不同需要，分析其特点及原因，以便采用有效的教学措施；同时教师在体育教学中还要关注和帮助学生将其直接需要根据年龄段特点，转变为间接需要，逐渐培养学生的学习兴趣。

（3）动机

动机是引起和维持个体的活动朝向某一目标的内部心理过程和内部动力。动机具有激活功能、指向功能、维持和调节功能。人的各种活动都是在动机的指引下，向着某一目标进行。体育教学中持续、有效地激发学生的学习动机，对学生兴趣的培养，以及形成爱好进而养成体育锻炼习惯有积极作用。但在目前的体育教学中，教师对学生学习动机的研究不够深入，使得激发学生兴趣的方法实效性欠佳。

2.兴趣的特点及相关研究

人的兴趣不仅是在学习、活动中发生和发展起来的，而且又是认识和从事活动的巨大动力。它可以使人智力得到发展，知识丰富，眼界开阔，使人善于适应环境，对生活充满热情。兴趣对中小学生个性的形成和发展有重要作用。兴趣的维持对培养终身体育有积极作用，对于正在学习的体育知识与技能有积极的推动作用，对学习和活动的创造性态度有促进作用。

朱智贤先生认为体育学习兴趣包括直接兴趣和间接兴趣。直接兴趣是由体育活动本身所引起的兴趣，它总是伴随着某种体育活动而产生，活动终止学习兴趣也就停止或消失，也可称之为短暂兴趣；间接兴趣是由体育活动的目的或结果所引起的兴趣，不会因活动的结束而消失，逐渐引发稳定的兴趣（持续时间较长的兴趣），它对坚持从事体育活动更为重要。马君（2002）认为成功的满足是影响学生学习兴趣形成的核心因素，没有成功的满足就没有学习兴趣。杨宁宏（2004）认为体育兴趣是学生对体育运动的一种积极的认识倾向和行为状态，具有多样性、普遍性、不稳定性的特点，培养学生体育运动的兴趣，让学生充分体验参加体育运动的乐趣，是培养学生终身体育的前提。

体育兴趣是参与体育活动的基本动力之一，影响着学生参与体育活动的方向和强度。学生在体育学习过程中，如果缺乏直接兴趣，就会感到枯燥；缺乏间接兴趣就会没有继续锻炼的欲望和持久性，就不能通过体育学习、体育锻炼培养学生的意志品质和毅力。因此，培养学生学习兴趣的核心要素是使学生获得成功的、愉快的体验。学生体育学习的直接兴趣和间接兴趣是相互联系、相互依存、相互转化的关系，缺一不可。

（二）体育锻炼习惯的培养需要关注学生持续的学习兴趣

"兴趣是最好的老师"。每位体育教师都知道这句名言，并在教学设计、教学实施、教学评价过程中运用，使学生在体育学习过程中，体验快乐、分享成功喜悦，通过体育课的学习促进身心健康发展。如在教学设计方面，教师们关注内容、学情、方法的设计、场地的运用；在教学实施过程中，教师们在学生参与活动时，从观察学生的注意力、生理负荷、学生互动交流等方面采用不同的方式激发学生的兴趣。在教学评价过程中教师们用多元评价、过程评价等不同的评价方式，结合具体内容有针对性地采用最合理的方式，激发学生的体育学习兴趣。

但由于对兴趣、兴趣激发的理论与实践的构建及研究不够。在教学中也存在各种问题，如对学生持续运动兴趣培养不够关注，体育教师在教学设计、教学过程中能针对不同项目特点，不同学生的运动基础，采用丰富的教学方法持续激发学生的学习兴趣。但不够关注学生兴趣的持续过程，使学生保持学习兴趣；对激发学生兴趣的方法与手段深度研究不够；对兴趣与爱好对学生体育习惯养成及终身体育的影响认识不足。因此，体育教师不仅要在教学设计、教学实施、教学评价中关注学生的兴趣，还要使学生对某些内容保持持续的兴趣，促进学生养成锻炼的习惯，为学生终身体育奠定基础。

（三）持续培养学生学习兴趣的思考

1. 根据学生学段特点，持续激发学习动机，保持兴趣的稳定性

根据需要层次理论以及兴趣的不稳定特点，体育教学及教学研究中要根据学生的特点，在不断满足学生需要的基础上，小学低年级应更多安排符合年龄段特点的"有趣的活动"，更多地使学生体验快乐，满足学生的需要。小学中、高年级应该在满足学生愿望的基础上，要关注学生不同的兴趣点及倾向性，激发和不断维持学生的学习动机，帮助学生形成相对稳定的兴趣、爱好。体育知识、技能是兴趣产生的基础，对于初中学生应增加其体育知识、

体育技能储备，因为它是培养兴趣的基础：要培养某种兴趣，就应使学生具有某种知识、技能的积累，强化他们的间接需要，在其动机指向性的基础上，使其在有一定兴趣、爱好和运动技能的基础上，帮助学生强化运动爱好，养成锻炼习惯。

2. 根据学生特点，强化直接兴趣

在体育教学中要不断开展有趣活动，培养学生的直接兴趣，如体育课的教学内容和活动要符合学生的实际需要、学段特点等。学生对新鲜的事物或内容在感官上产生的一种新异的刺激，这种刺激反应表现为比较强烈、比较短暂。体育教学中教师持续使学生保持运动兴趣是教学成功的关键，教师可以通过新颖的教学内容、有趣的体验游戏，巧妙地设计符合学生年龄段特点的情境，有效激发学生的学习兴趣。

3. 根据学生思维特点，激发学生学习兴趣策略

表5-1 义务教育阶段学生体育兴趣培养的学段特点

学段	思维特征及表现		关注、激发、培养
水平一	直观形象水平	直观的、形象的、外部的特征与属性	关注学生运动兴趣的特点，促进学生多种兴趣发展，给学生空间，满足学生需要
水平二	形象抽象水平	概括处于形象水平向抽象水平过渡	运用多种手段激发学生的学习兴趣，并使学生持续保持某些项目的运动兴趣，满足学生需要，激发学生学习动机
水平三	本质抽象水平	概括以本质抽象概括为主	帮助学生形成某些项目的良好锻炼兴趣，逐步养成锻炼习惯，维持和调节学习动机
水平四	抽象逻辑性	运用逻辑法则、逻辑推演	帮助学生掌握锻炼方法，形成良好的锻炼习惯，强化动机的指向性，形成相对稳定的兴趣点

二、基于"运动技能"目标达成对体育教师教学能力的理解

体育是一个有一百多年历史的课程，其本初的目的是促进广大青年爱国并强壮野蛮身体、文明精神，当今目的依然是促进广大青年爱国并强壮野蛮身体、文明精神，又加入了"使终身享受体育文化并依靠这个过程能幸福生活一辈子"的现代社会目的。由此可见，无论社会如何变化、改革如何推进，体育课程永不变的目的就是"锻炼青少年的身体"和"学习用于健身和娱乐的运动技能"，还有"利用体育的教材特性优化青少年的品行"，体育教师永远不变的使命责任就是"通过有相当负荷量的身体练习帮助学生锻炼身体、学习运动技能和接受品行教育"。进入新世纪，随着建构主义、人本主义和多元智能等教学理论的引进和实施，随着《义务教育体育与健康课程标准（2011年版）》（简称《义教课标》）的推进和实施，要求体育教师必须具有良好的教学能力。体育教师的教学能力是体育教师完成教学任务必须具备的最基本的能力，是体育教师综合能力的主要表现，也是最能体现体育教师专业特质的一项专业能力。体育教师好的教学包含了正确的教育教学理念、科学适切的教学设计、合理有效的教学实施、灵活巧妙的组织管理等诸要素，其中最重要的还

要有专项运动的技术和战术，以及如何有效地传授运动项目的技术和战术。因此，运动技能传授是体育教师的核心教学能力，教好运动技能是体育与健康课程的主业，也是体育教师教学最重要的能力。

（一）理解体育教师传教的运动技能内涵

1.课程标准中的运动技能

《义教标准》指出：运动技能是指学生在体育学习和锻炼中完成运动动作的能力，它反映了体育与健康课程以身体练习为主要手段的基本特征，是课程学习的重要内容和实现其他学习方面目标的主要途径。《义教标准》指出，在小学阶段，要注重体育游戏学习，发展学生的基本运动能力；在初中阶段，要注重不同项目运动技术的学习和应用，鼓励学生参加多种形式的比赛，逐步增强学生的体育与健康学习能力、安全从事运动的能力，加深对体育运动的理解。同时《义教标准》对学生运动技能学习方面提出了"学习体育运动知识""掌握运动技能和方法""增强安全意识和防范能力"三个方面的学习目标、内容和要求。由此可见，运动技能是学生在体育学习和锻炼中运动动作完成、运动技战术应用的能力，涵盖了运动知识、运动体验、身体活动、活动方法、运动技战术、运动安全等要素，是运动能力的最直接体现。

2.天体图视域中的运动技能

国际著名运动心理学家、美国人体运动和体育教育学会前主席雷纳·马腾斯教授，为了确认专项运动中成功所需的技能，建立了运动技能天体图，将技能归结为六个星座的六种基本技能（见表5-2）。由此可见，天体图视域下的运动技能，并不局限于技术和战术技能，还包括身体、心理、沟通和品格范围，并认为这些技能都是必不可少的，都是在运动技能学习不同阶段要关注的要素。

表5-2 天体图视域下的运动技能

内容	内涵	运动技能点
技术技能	为操作需要完成的任务而移动某人身体的能力	跑、投、划、射、传、踢、守、跳、打、滑、截、举
战术技能	在比赛中为了获得超出对手的优势而做出的决定和行动	阅读情境、知识、自我分析、情境战术、比赛计划、规则、策略、决策技能
身体技能	为了满足运动对身体的要求而做的身体准备	力量、速度、灵敏、平衡、快速、柔韧、耐力、爆发力
心理技能	为了满足运动对心理的要求而做的心理准备	情绪控制、动机、注意、信心
沟通技能	相互间发送和接受语言与非语言信息	语言信息、非语言信息
品格	知道好的、期望好的以及做好的	尊重、值得信赖、责任、公平、关心、公民行为

3. 实践理解中的运动技能

在体育课教学和运动技能理解中，专家学者和体育教师们对运动技能的界定和诠释虽不尽相同，技术和技能也是经常被同义使用的两个词，呈现不同的运动能力说、运动技术说、运动项目说、动作技能说，但运动技术都被确定为运动技能的核心和载体。如赖天德教授认为，运动技能是指运动技术内化为人从事运动的一种能力，运动技术一旦被人所掌握，就成了人所具有的运动技能。学习运动技术，掌握运动技能，是体育课程教学的主要内容，是构建教学技能的基础，是体育教师开展学校体育工作的需要，是体育教师择业的需要。杨文轩、季浏教授在对课程标准解读时提到，运动技能是体现体育与健康课程性质的基础内容，是达到课程四个学习方面目标的载体，认为在小学不要过于强求对具体运动项目技能的学习，在初中阶段要引导学生逐渐学习多种运动项目，并在此基础上较好地掌握 1～2 项运动技能。毛振明教授在《新版体育与健康课程标准解析与教学指导》中，认为课程标准中的运动技能是指运动技术，认为运动技术教得好坏，是体现体育教学质量的基本准绳，分别从精学类、简学类、知晓体验类运动技术和运动战术四个方面做了教学指导。

（二）清晰体育教师教好运动技能的必要性

1. 教好运动技能是体育课程肩负的使命责任

体育是以身体练习为主要手段传授运动技术和运动技能的一门学科，离开了运动技术，体育教学也就失去了意义。体育课的教学目标之一就是通过运动技能的学习，增强学生体质，形成良好的健康习惯，避免受伤。体育教师教好运动技能，才能实现体育课程提高学生身体素质和锻炼学生身体的责任，才能不断促进学生身体生长发育和良好心理品质发展，才能不断提高学生社会适应能力和增进学生健康，才能综合实现学生身体、心智和品格整体健康发展的目标。

2. 教好运动技能是体育教师执教的最重要能力

作为一名体育教师，除了与其他学科教师一样具备教育与教学工作的一般能力外，根据其专业特点，应具有专门的工作能力，如动作示范能力、组织管理能力、纠正错误与保护能力、锻炼学生身体的能力、善于运用身体来表达内心感受的能力等。仅从体育教师的运动技能来看，体育教师需要做技术示范动作，需要有运动技能教学的过程，需要有高超的教学技能和体育教师帮助学生超越技能障碍的能力。这也是体育教师明显区别于其他学科教师的一种能力，也是成为一名体育教师最重要的能力。

3. 教好运动技能是学生终身体育锻炼的基础

体育教学是以学生的身体练习和实践活动为特征的，学生在从事运动技术学习和运用的过程中，逐渐增强对动作的理解力，引起兴趣，形成运动技能。在某种意义上说，体育教师的教学能力与运动技能有多高，学生的运动技能与身体素质就有多好。体育教师通过体育课程教好运动技能，可以让学生学会在未来生活中基本够用的运动技能，可以让学生掌握多项"师傅领进门修行在个人"的运动技能，可以教会学生"不教学生就不会"、"会"和"不会"之间有明显区别的运动技能，逐步形成学生科学锻炼身体的意识和能力，形成终身体育锻炼的意识和能力。

（三）把握学生学习运动技能的三个阶段

体育教学的主要任务之一是要让学生学会和掌握一定的运动技能，而运动技能的形成和提高，要经历粗略掌握动作阶段、改进与提高动作阶段、动作的巩固与运用自如阶段，体育教师在体育课安排中，都会联系和遵循运动技能形成的三阶段规律。相对应的，学生在学习新的运动技能时，也会经历学习的三个阶段（见表5-3）。体育教师若能了解并把握好三个阶段的特点和教学注意事项，将有助于体育教师传教运动技能和学生掌握运动技能。

表5-3 运动技能学习的三个阶段

学习阶段	阶段特点	教学注意点
认知阶段	1. 心理会有紧张、不安情绪状态	1. 通过示范和讲解提供动作的整体图像
	2. 对动作任务的认知	2. 学生学习层次不同，要教得适度
	3. 重点关注学习动作的序列	3. 尽量避免教得太多
	4. 从动作无知到头脑中留影像	4. 要有耐心，教得慢一些
练习阶段	1. 心理能量转移到自身与运动之间的体验感受	1. 通过练习数量提高水平的同时，更强调练习质量
	2. 关注改善动作的环节和协调	2. 判断决策学生多久练习一次和每次练习的时间
	3. 动作错误降低，动作更连贯	3. 根据学生练习情况决策完整或组合动作分解练习还是整体练习
	4. 注重感官的信息反馈	4. 与学生共同参与练习
自动阶段	1. 技术动作稳定，能够轻松自如完成动作	1. 技术改进不再是主要的关注点
	2. 自己能够诊断和判断出现的错误，并自行纠正	2. 能发现并诊断学生问题类型
	3. 不再关注动作的细节	3. 对学生进行技术与战术、心理、沟通等技能的融合教学指导
	4. 会有完成技术动作的美妙成功感觉	4. 对不同学生要有针对性的解决策略

（四）提高体育教师教好运动技能的五类核心能力

体育教师的教学能力是最能体现体育教师专业特质的一项专业能力，而传授运动技能的教学能力更是体现体育教师专业特质的核心专业能力，自然受到最多的关注，也是体育教师最需提高和强化的能力。教好运动技能，是以智力为核心，以运动技术为载体，体育教师完成运动技能传授所必备的生理素质和心理特点的综合表现，体育教师掌握教育、体育知识、技能实践活动形成和发展的综合能力。教好运动技能，体育教师必须掌握许多知识，找到提高学生运动技能的有效途径，知道如何教授和评价，能够找到让学生学得更有效、练得更有趣、变得更好的方法。从体育教学的逻辑视角来看，体育教师教好运动技能的，除了自身具有好的运动技能外，还要有目标落实、讲解示范、教法手段、组织练习、纠错反馈五类核心能力（见表5-4）。

表5-4 教好运动技能的五类核心能力

核心能力	重要性	教学核心项
目标落实	明确和落实技能学习的任务	技能目标设置和落实有教学场景、选择性和学生努力因素；考虑多方面素材设定目标；技能目标可监测达成度；能跳出当前水平看可预期的长远目标；在目标落实判断的基础上及时调整教学
讲解示范	帮助学生获得项目技术动作的心理轮廓	提示学生示范时看什么；示范完整动作；分解示范复杂技术的主要部分；多次不同角度示范怎样完成技术；讲解简明扼要；讲解与示范的动作相符；讲解时机；将新技术与以前学习过的技术或生活联系起来；教师或学生提问题检查学生是否理解怎样完成技术
组织练习	掌握和强化运动技能的主要手段	常规的养成；队伍调动的精准；练习完整技术；技能复杂且相互依赖性较低项的分解练习；在技术技能的准备段和动作段分解练习；完整法与分解法相结合练习；有效利用时间练习；优化场地与器材；使学习充满乐趣
教法学法	达成教师教与学生学技能的相互促进作用	根据专项技术选择适切的教学方法；依据学生年龄特点、技能要求选创教法与学法；不单纯迷信和使用常用的教学法，在关注学生学习过程中挖掘创新点；当学生技能学习出现问题时能即时灵活调控；自我检验教学法有效性的意识、方法和跟进措施
纠错反馈	改善、提高和精进运动技能	捕捉学生技能学习中的问题；多次观察发现识别学生技能学习出现问题的原因；给予提高动作简明扼要的信息和学法指导；结合学生技能掌握层次分层教学解决问题；多给予学生正向反馈和延续引导

三、基于"身体健康"目标达成对体育教师教学能力的思考

"多参加一些体育锻炼，长好身体……"类似的嘱咐每天都会出现在长辈、教师对孩子们的教诲之中。在学生体质健康连续多年下降的大背景下，这样的嘱咐正在变成一种社会的急切期望。当这种期望更多地集中于学校教育尤其是体育教育时，作为体育与健康课程的承担者和实施者，体育教师有必要认真地思考体育与健康的关系，并从加强自身教学能力出发，思考如何通过有效地开展体育教育教学活动，引导更多的学生认知体育、热爱体育、参与体育，并从运动中获得包括促进身体健康的全面发展。

（一）准确把握体育课程与健康促进之间的关系

当"体育"变为"体育与健康"课程之初，曾有很多教育工作者提出过"体育"与"健

康"是同等概念吗，仅仅依靠体育能够实现健康的目标吗等多种质疑。因此，从更好地实施课程的角度出发，体育教师应该厘清健康的概念、影响因素，以及体育课程与健康促进之间的关系。

1. 健康是个大概念

社会调查结果显示，目前"三维健康观"已经被社会各类人群广泛认同，在强调身体健康重要性的同时，不能忽视心理健康与社会适应的发展。在构成健康的三要素中，身体健康是物质基础，是人进行正常生活、工作或学习的前提保障。

2. 影响健康的诸多因素

无论是个体还是群体，健康都受到多重因素的影响，但这些影响大致可以归结为生物遗传和后天环境两大类。日本学者的研究结果认为："社会环境复杂化导致的紧张度增大"、"生活、劳动机械化，汽车化，家庭电气化带来的运动不足"和"饮食丰富带来新的营养问题"是造成"现代文明病"的主要原因。尽管国情不同，但该研究结果对我们思考当前我国青少年体质下降的问题是有启发和借鉴价值的。

3. 体育锻炼在促进健康方面发挥的作用

《义务教育体育与健康课程标准（2011年版）》对身体健康的解读为"身体健康是指人的体能良好、机能正常和精力充沛的状态，与体育锻炼、营养状况和行为习惯密切相关"，从中可看出，体育锻炼是影响健康后天环境因素中的重要一环，对健康有积极的促进作用，这应该是对体育锻炼和健康关系相对客观的认识。

但在现实生活中，人们对于体育与健康的关系认识却容易犯两个极端的错误——或者过分夸大体育锻炼促进身体健康的功用，导致盲目地参加运动而忽视其他因素对健康的影响；或者妄自菲薄体育运动的健康价值，认为体育锻炼的功效完全可以由其他活动或者途径所替代，甚至固执坚守"生命在于静止"的观点。因此，理性认识体育锻炼在促进健康方面发挥的作用非常重要。毛振明教授认为"体育为健康服务应该体现在'直接'和'间接'两个方面。直接的方面是指通过体育锻炼来实现人的身体结构和功能的改善，间接的方面是指通过保健方面的知识积累和能力养成共同构成体育养护来保养身体。"在这段论述中，我们不仅可以找准体育锻炼的健康促进价值，也能找到开展学校体育教学应该坚持的方向。

（二）勇于承担促进学生身体健康发展的责任

回顾这轮席卷全国的包括体育课程在内的课程改革，起点应该可以追溯到1999年6月《中共中央、国务院关于深化教育改革，全面推进素质教育的决定》文件的出台。正是在这份文件中明确提出了"学校教育要树立健康第一的指导思想"。作为教育工作者群体成员的体育教师，无论是从教育者的责任出发，还是从体育课程的自身特点出发，都应该与其他学科教师一起，承担起促进学生身体健康发展的时代责任。

1. 学生体质健康的连续下滑赋予学校体育和体育教师更多的时代责任

1952 年，毛泽东同志为中华全国体育总会成立大会题词"发展体育运动 增强人民体质"，从此，通过体育运动来增强体质健康的观念就开始深入人心。因此，当 1985 年起连续多次全国学生体质健康调研的结果显示学生体质健康呈现连续下滑的趋势时，很快引起从中共中央国务院到社会各界的全面关注，尽管这种下滑具有深刻的时代烙印和复杂的社会背景，与学校体育并无直接和必然的因果关系，但从政府到社会人群，却将短时间内提升学生体质健康的希望更多地寄托于学校体育工作，这一点从《中共中央国务院关于加强青少年体育增强青少年体质的意见》的文件名称中就可以得到印证。应该看到，这些文件举措的出台，在为学校体育带来宝贵发展机遇的同时，也赋予广大体育教师促进学生身体健康发展的不可推卸的责任。

2. "体育与健康"课程的特点决定了体育教师必须关注和发展学生的身体健康

体育课程由"体育"改为"体育与健康"，名称上的改变更强调了体育的健康功能和健康目标。课程标准在课程性质部分明确提出体育与健康课程是"以身体练习为主要手段，以学习体育与健康知识、技能和方法为主要内容，以增进学生健康，培养学生终身体育意识和能力为主要目标的课程"。在课程的"健身性"特点中，进一步明确"课程强调在学习体育健康知识、技能和方法的过程中，通过适宜负荷的身体练习，提高体能和运动技能，促进学生健康成长"。在"目标引领内容"的思想下，课程标准确立了包括"身体健康"在内的四个学习方面，在"身体健康"学习方面制订了明确的目标，并根据水平确定了具体的课程内容。

另一方面，学生的身体健康是开展体育教学的基础和前提，与其他学科不同，没有健康的体魄和良好的体能打基础，运动技能的学习会变得非常艰难。在实际教学的过程中，很多体育教师已经发现，在学习对于身体素质有较高要求的一些技巧内容时，教师的教法、保护与帮助的措施固然关键，但学生的体能基础和身体条件才是掌握的基础保障。因此，对于承担体育与健康课程任务的体育教师而言，身体健康既是目标，是内容，是要求，也是保障，应该态度明确、不折不扣地执行。

（三）加强修炼体育教师促进学生身体健康教学能力

在正确认识体育与健康课程健康促进功能的基础上，中小学体育教师应该通过分析课程标准对于身体健康学习方面具体目标的要求。课程标准把身体健康学习方面的目标归结为 4 项，分别是"掌握基本保健知识与方法"、"塑造良好的体型和身体姿态"、"全面发展体能与健身能力"和"提高适应自然环境的能力"，然后依据这四方面的主要目标提出各个水平的具体内容。

尽管课程标准提出的是对学生学习目标和内容的要求，但从课程执行的角度，体育教师应该结合对教学实践的思考，将上述目标转化为对体育教学的要求，转化为教学行为和对教师教学能力的要求。这是因为，教师教学能力直接影响到教学活动的效果，并在很大程度上决定教学目标的达成；促进学生身体健康的目标达成，最终要落实到体育教师教学能力的提升中。对此，本书将基于身体健康学习方面目标达成的体育教学能力进行梳理，归纳为"学生体能发展"、"运动负荷监控"、"锻炼安全防护"和"健康教育指导"等四方面的能力要求，并针对每一项能力要求提供了相应的"修炼"重点，供体育教师对照自身的教学行为，有选择地加强教学能力的修炼。

1. "学生体能发展"的能力要求与修炼要点

【能力要求】

教师能够在分析主教材内容和学生特点的基础上，搭配相应的身体素质练习内容；从关注学生差异和调动练习积极性的角度出发，在体育教学中灵活运用持续、循环、间歇、游戏、竞赛等形式，为学生提供满足个体需要的多样化身体练习方法，提高身体素质，塑造良好体型。还要利用日光、温度等外界环境条件的变化组织和指导学生开展身体锻炼，提升学生的适应能力。

【修炼要点】

要点1：主要教材内容和运动项目的健身价值。

要点2：学生的解剖生理特点和发育规律，包括身体素质的发展敏感期。

要点3：体能的内涵、身体素质基础、身体锻炼应遵循的基本原则。

要点4：体能练习方法，尽可能多地掌握具有较强指向性、易学性、新奇性、趣味性、安全性的徒手或使用简易器材的体能锻炼手段。

要点5：学生健身资源的开发，重点是健身游戏和体能练习器材的开发。

要点6：特殊环境下的身体锻炼。

2. "运动负荷监控"的能力要求与修炼要点

【能力要求】

教师能够根据新授课、复习课、考核课等课的类型和主教材内容，确定比较准确的心率曲线和练习密度；按照规律在每个教学环节安排相应的运动负荷，并在练习过程中通过课堂观察和心率测量等手段主动了解学生反应和适应程度，需要时能够采用改变分组安排、练习次数、练习内容等做出及时调整。

【修炼要点】

要点1：运动负荷的预估，主要利用练习密度、心率曲线等。

要点2：人体在体育运动过程中的基本变化规律。

要点3：判断学生对运动负荷身体反应的方法，重点是观察法。

要点4：在教学中体现精讲多练。

3. "锻炼安全防护"的能力要求与修炼要点

【能力要求】

教师要能够将安全锻炼的意识贯彻于教学前的器材场地检查、教学中的课堂常规管理等整个教学过程之中，通过周密严谨的教学组织和全面及时的课堂观察掌握学生锻炼情况，避免意外伤害发生，并在出现突发事件时能够采取及时准确的处理措施。

【修炼要点】

要点1：常见运动项目重点技术的动作规律，保护与帮助的方法，以及可能出现的损伤。

要点2：课堂常规的安全要求落到实处。

要点3：保证课堂教学中的严密组织。

要点4：常见运动损伤的处理原则和方法。

要点5：生活和锻炼中的安全意识。

4. "健康教育指导"的能力要求与修炼要点

【能力要求】

教师要注重对学生身体形态、生活方式等方面的观察，根据不同学段学生身体健康发展的需要，利用理论课教授和技能学习的恰当时机渗透身体健康和科学锻炼的知识原理，善于利用运动处方、家庭体育作业等多种指导和评价手段巩固课内身体练习成果，激励和督促学生养成良好的生活方式。

【修炼要点】

要点1：营养、生活方式、环境等与科学锻炼相关的健康知识储备。

要点2：运动技能教学和健康教育相融合的教学方式。

要点3：运动处方的构成、原则和制订流程。

要点4：终身体育与健康生活方式的养成教育。

值得注意的是，体育与健康课程是一门系统而完整的课程，四个学习方面的目标之间存在难以割裂的密切关系。身体健康学习方面目标的实现，离不开运动技能的学习和积极的运动参与；学生在身体锻炼的同时，也伴随着心理健康与社会适应的发展。因此，体育教师教学能力的提升，也不能仅仅局限于促进学生身体健康方面，而应该通过不断的学习、实践、反思，得到全面的发展和提升。

四、心理健康与社会适应从课标文本、项目因素到体育课堂的教学路径

《义务教育体育与健康课程标准（2011年版）》中的第四个方面即心理健康与社会适应，中小学体育教师在教学实践中，基于思想、文字、教学等不同层面或多或少也会关注。但因体育学科身体活动为主的显性特性、人体心理活动的隐性特征、体育教师培养成长过程的被动倾向、体育教学实践过程的无意忽略等缘故，有的体育教师在心理健康与社

会适应目标达成方面会出现心有余而力不足、无从下手、黔驴技穷等状况。本书以心理健康与社会适应为研究主体，按照体育教师备课、上课的教学逻辑，厘清了心理健康与社会适应的课标文本目标内容，挖掘了运动项目的教育因素，提供了课堂实施的环节载体融合的教学路径。

（一）厘清课标文本中心理健康与社会适应的目标内容

1. 课标文本中水平一至水平四心理健康与社会适应目标内容的递进关系

课标中心理健康与社会适应的目标内容水平一至四均呈现为培养坚强的意志品质、学会调控情绪的方法、形成合作意识与能力、具有良好的体育道德4项具体目标，在下位水平目标中进行有一定内在逻辑关系的递进式描述（见表5—5）。如培养坚强的意志品质的递进逻辑关系是"努力→坚持→辨别→决策"，学会调控情绪的方法的递进逻辑关系是"体验→保持→调节→应对"，形成合作意识与能力的递进逻辑关系是"适应→乐于→履行→树立"，具有良好的体育道德的递进逻辑关系是"表现→遵守→形成→迁移"。

2. 课标文本中水平一至水平四心理健康与社会适应目标内容的教学关联要点

对课标文本中水平一至四心理健康与社会适应4项具体目标内容进一步分析，在不同水平、不同下位具体目标中提炼出一些可转化运用于体育课堂教学设计文字呈现与课堂实施指导语言的教学关联要点（见表5-5）。如水平四的心理健康与社会适应不同具体目标内容的教学关联点，培养坚强的意志品质是"果断、决策"，学会调控情绪的方法是"积极、应对、挫折、失败、稳定、心态"，形成合作意识与能力是"树立、集体、共同、胜利、同伴"，具有良好的体育道德是"形成、迁移、公平、诚实、友爱、礼貌、尊重"。又如不同水平培养坚强的意志品质的教学关联点，水平一是"努力、认真"，水平二是"坚持、不怕苦累"，水平三是"克服困难、自信、勇气、挫折、差异、信心、骄傲、自卑、放弃努力"，水平四是"果断、决策"。这些教学关联要点有的是学生学习的态度，有的是学生学习的行为，有的是学生内心的活动，有的是学生形成的能力等，但其为课标文本与体育教学设计、课堂实施之间搭建了桥梁。

表5-5　水平一至四心理健康与社会适应目标内容的递进逻辑关系与教学关联要点

具体目标	递进逻辑关系	教学关联要点			
		水平一	水平二	水平三	水平四
培养坚强的意志品质	努力→坚持→辨别→决策	努力、认真	坚持、不怕苦累	克服困难、自信、勇气、挫折、差异、信心、骄傲、自卑、放弃努力	果断、决策
学会调控情绪的方法	体验→保持→调节→应对	情绪变化、活动感受、体验	积极、稳定、高昂、排除干扰、情绪饱满	挫折、自制力、不消极、不气馁、不讽刺、自我激励、控制焦虑、烦躁	积极、应对、挫折、失败、稳定、心态

续表

具体目标	递进逻辑关系	教学关联要点			
		水平一	水平二	水平三	水平四
形成合作意识与能力	适应→乐于→履行→树立	合作环境、愉快、友好相处、分组	乐于、合作、交流、主动、共同	乐意、融入、团队、角色扮演	树立、集体、共同、胜利、同伴
具有良好的体育道德	表现→遵守→形成→迁移	爱护、帮助、关心、乐于、主动	遵守规则、规范行为、文明用语、讲礼貌	胜不骄、败不馁、尊重、不歧视、帮助	形成、迁移、公平、诚实、友爱、礼貌、尊重

因此，厘清课标中心理健康与社会适应4项具体目标内容的逻辑递进关系和教学关联要点，体育教师在制定学段、水平体育教学计划时，在教授不同学段、水平学生时，就可以有的放矢地进行心理健康与社会适应目标内容的布局规划、侧重整合工作。

（二）挖掘运动项目中心理健康与社会适应的教育因素

随着体育课程改革的不断深入推进，各级各类学校结合本地区和本校的文化传统、经济发展和教育特色，因地制宜、因校制宜、因人制宜，开展了多姿多彩、百花齐放的中小学体育课程，进而不同运动项目也均面临着更新和充实、开放和放开、引进和淘汰等问题。在这种背景下，我们要思考的是不同运动项目对心理健康和社会适应目标内容达成有什么影响。

第一，无论体育课程如何变革，不同运动项目进入体育课堂的首要条件是以教育为目的，且必须根据教育的需要进行必要的改造、组织和加工。这里的教育定是包含着育体育心育人三者的，而心理健康与社会适应的教育因素一定是附着在某个运动项目上被呈现的。

第二，人类几千年来创造出的体育运动项目多得让人无法数清，各个运动项目包含的心理健康与社会适应的教育因素也是多种多样，远多于课标中提及的那些运动项目及其附载的教育因素。因此，在不同的学段、水平，那些负载着被学生需要的、被学校接受的、被区域认可的心理健康与社会适应教育因素的运动项目进入体育课程的可能性就会增大。

第三，心理健康与社会适应教育因素呈现出"一项多因"和"多项一因"的特性，"一项多因"是说一个运动项目可以呈现多个教育因素，如篮球可以培养人的拼搏、竞争、意志、团结、友爱、服从等多个方面，而"多项一因"是指心理健康与社会适应教育因素的互相替代性，"拼搏"在篮足排大球项、乒羽网小球项、跑跳投田径项、游泳滑雪滑冰项均可有被呈现的可能性。

第四，不同运动项目存在着共性与个性的心理健康与社会适应教育因素。例如，共性教育因素有运动后的肌肉酸痛、运动中小伤病的困扰、严寒酷暑中的运动、个体差异造成的利弊长短、运动项目规则的遵守、公平竞争后的胜败等。个性教育因素，如长跑中的极点，单双杠、跳箱等器械的恐惧，心理拓展训练项目的高峰体验，足篮排等集体性项目的合作，短跑、游泳、技巧等个体性项目的自我挑战等。虽然每个运动项目负载的心理健康与社会适应教育因素均非常丰富，如足球的团结协作、公平竞争、自信心、坚韧意志、遵守规则、体育文明、责任心、情绪调控等教育因素，但在课堂教学实践中肯定会有关注度不一的情况出现，也就是说每个运动项目因场地器材、活动人数、项目特性、教学方式的不同会呈现出一些比较凸显的心理健康与社会适应的核心教育因素。

因此，中小学体育教师应充分挖掘不同运动项目中心理健康与社会适应的各类教育因素，如每个运动项目写出 6～8 个教育因素；区分不同运动项目及其附着的心理健康与社会适应的特性，如区分足球头顶球的恐惧、双杠杠上前滚翻的恐惧、心理拓展训练信任背摔的恐惧、田径跨栏的恐惧是源于技术、心理、器械哪个层面的原因；还要抓住各个运动项目的核心教育因素，最终目的是在不同项目课时教学设计与课堂实施中达成有所差别的教育因素，在单个项目单元教学设计与课堂实施中达成不同的教育因素，在不同项目的教学设计与课堂实施中结合项目特性，分别达成侧重点不一样的若干教育因素。

（三）融合课堂实施中的心理健康与社会适应的环节载体

课标提出了心理健康与社会适应具体目标内容的文本要求，运动项目本身负载着各种各样的心理健康与社会适应的教育因素，而这些文本要求、教育因素也就成为我们体育课程的目的任务，在体育教学设计与课堂实施中中小学体育教师主要将其归类至三维目标中的情感态度价值观目标的呈现与相关达成活动。根据《义务教育体育与健康教师培训课程标准》研制的维度划分，可将这些拼搏、竞争、勇敢、顽强、毅力、意志、忍耐、团结、友爱、好学、服从、组织性、纪律性等思想、行为、品质培养内容进行打包，即"体育品德与精神"，并根据心理健康与社会适应目标内容的特性，将其在课堂实施中的教学行为界定为"体育品德与精神渗透"，具体可将目的任务融入队列队形、技术教学、游戏比赛、课课练等各个主要教学环节中，在这些教学环节中要重点抓住教学时机与方法把握、学生表现关注与行为引导两个载体。

1. 体育品德与精神渗透的教学时机与方法把握

体育品德与精神渗透的教学时机稍纵即逝，方法运用难度较大，出现偶发事件不好应对，教育的效果评价也没有准星，这对广大中小学体育教师来说是个较大的难题。如何确定相关的教学时机，把握教学方法呢？

确定体育品德与精神渗透的教学时机，首先是注重体育教师自身榜样或引用一些名人轶事的教学时机，如体育教师的言行举止与精神面貌，运用体育先进事例渗透爱国主义精神等；其次是结合教学内容进行教学渗透，如在跳跃、障碍跑或支撑跳跃等项目的教学中渗透勇敢果断、不怕困难、不怕失败的精神，在球类项目教学中渗透团队意识和集体主义精神；第三是结合教学过程进行教学渗透，如课堂常规教学中渗透遵守纪律、服从命令、听从指挥的精神，在分组教学中渗透相互尊敬、助人为乐的精神，在游戏、比赛教学中渗透团队意识和集体主义精神，在布置场地以及器材的使用送还中渗透热爱劳动、爱护公共财物的精神等。

把握体育品德与精神渗透的教学方法，首先得了解有哪些常用的教学方法，如语言提示法、心理暗示法、情境体验法、体育激励法、情感感染法等，如果可能的话还可以引进创新一些教学方法。其次还得关注教学方法的使用效果，制定体育品德与精神渗透教育效果的衡量尺度表，在体育学习锻炼中科学评价学生的相关行为表现，并适时将其引导至学生的学习、生活中。

2. 学生体育品德与精神的表现关注与行为引导

根据课标中心理健康与社会适应呈现的4个具体目标，我们也基本可将学生体育品德与精神的表现主要划分为相应的4个层面，即关注学生敢于拼搏的精神，引导学生的坚韧行为；关注学生的各类情绪表现，引导学生学会调控情绪；关注学生的合作竞争意识，引导学生形成集体主义精神；关注学生的体育品德与行为表现，引导学生形成良好的体育品行。各层面的学生表现关注与行为引导方式也有自己的独特性，教师可根据实际情况参考运用。

首先，关注学生敢于拼搏的精神，引导学生的坚韧行为层面。一是利用鼓励性语言激励，如加油、必胜、我们是最棒的等；二是设置具有挑战性的目标，如清晰而适宜的目标、需要努力的目标等；三是运用外界环境的影响力，如依靠集体和同伴的力量、融入集体性比赛等；四是借助奖罚措施的刺激，如小笑脸贴片、勇敢之星等；五是选用自我激励游戏法，如60秒PK法等；六是学生进行自我激励，如学生的个人习惯、喜好、方式等。

其次，关注学生的各类情绪表现，引导学生学会调控情绪层面。一是注重学生的各类情绪体验，如成功与失败、顺利与挫折、欢乐与痛苦、公正与偏袒等；二是促进学生形成良好的情绪，如积极对待与消极对待情绪等；三是教授各类调控情绪的方法，如呼吸调节法、暗示调节法、活动调节法、激励调节法、自我宣泄法等。

再次，关注学生的合作竞争意识，引导学生形成集体主义精神层面。一是设计合作学习环节，提高学生的合作与分工意识，即使是短跑、长跑、游泳这类个体性项目也可通过体育教师的有效教学设计来培养学生的合作意识和能力，如在进行短跑练习时，分组进行接力跑比赛；二是安排群体性游戏，促进学生的人际交往与社会意识；三是开展体育竞赛活动，增强学生的竞争意识与集体责任感。

最后，关注学生的体育品德与行为表现，引导学生形成良好的体育品行层面。一是关注学生的良好体育品德，如诚实公正、服从忍耐、吃苦耐劳、好学勤思、开朗豁达等；二是引导学生的良好体育行为，如善于承认错误、听从指挥、默默忍受、不耻下问、从容面对挫折等；三是将良好体育品德与行为进行教学联系，营造知行结合的教育情境。

综上所述，要想改变心理健康与社会适应学习方面的目标呈现类似、内容设计单薄、教学方法单一、教学融入牵强等现状，必然要经过厘清课标文本中心理健康与社会适应的目标内容、挖掘运动项目中心理健康与社会适应的教育因素、融合课堂实施中的心理健康与社会适应的环节载体这条教学路径，体育教师也要在这条教学路径上清晰4个具体目标不同水平间的逻辑递进关系以及教学关联要点，挖掘出多种多样、各具特色的不同运动项目负载的教育因素，围绕着学生体育品德与精神渗透的教学目的任务，抓住教育时机，运用多种教学方法，关注学生发展，进而将心理健康与社会适应从课标文本的文字描述鲜活地融入中小学体育课堂实施中，充分发挥心理健康与社会适应应有的"育心育人"学科价值，真正承担起体育学科指向针、导航仪、助力器的角色。

第二节 农村中小学体育教师培训实施的案例呈现

一、2016年国家级培训者培训简案

（一）培训背景

2012年国务院办公厅转发教育部等部门《关于进一步加强学校体育工作的若干意见》，其中明确提出"要实施好体育课程和课外体育活动，加强学校体育教师队伍建设，切实提高学校体育的质量"。在加强学校体育工作的新形势下，为发挥游戏和学校体育活动对儿童带来的积极影响，探索有效的培训专兼职体育教师的策略和资源，基于2013—2015年对广西三江县、新疆疏勒县、贵州纳雍县、云南剑川县的实地调研、培训者培训、县级培训、专家追踪指导等系列工作成果的基础上，教育部教师工作司与联合国儿童基金会共同讨论，确定云南弥勒、广西忻城、贵州盘州、辽宁本溪、重庆忠县、山东曲阜为2016—2020年度的项目县，并于2016年开展"学校体育与体育教师培训"2016—2020年度项目启动会及国家级培训者培训，以高度关注项目县体育教育，关注项目县学生发展，给予项目县的体育教师业务专项培训，提升项目县体育教师体育教育热情、教学能力和实践创新，促进项目县学生的运动兴趣、运动热情和运动能力，确保项目县中小学生人人享有基本的体育与健康的权利。在此基础上，需要有一支非常独特的专业教研训队伍，连带着体育教师的成长，提高着体育教师的水准，牵引着体育教师的努力方向，改变着体育教师的课堂教学。为此，构建了此期培训者培训班。

（二）培训目标

基于《义务教育体育与健康课程标准（2011年版）》和《体育学科教师专业发展标准》的基本核心和理念，培训以"体育教师教学能力的诊断与提升"为主题，以掌握和提高教研训能力为核心，帮助项目县的体育骨干教师正确理解项目培训的思想和意图，正确把握

体育教师教学能力的核心要素，促进不同类型的体育教师教学能力的有效提升，在项目校体育学科教学中发挥种子作用。

具体目标如下：

1. 掌握体育教学能力的诊断方法，关注体育教学改革；

2. 知晓体育教学能力的核心要素，拓展体育教学知识；

3. 了解体育课堂教学的多种形式，补强体育教学策略；

4. 碰撞体育课堂教学的同课异构，提升体育教学实效。

（三）培训对象

北京教育学院作为项目技术单位，承担培训的对象为广西忻城、贵州盘州、云南弥勒、辽宁本溪项目县的 100 名中小学体育培训者，遴选范围主要是曾承担县级培训的培训者，以及准备项目扩展，由各项目县推荐当地的、有积极性、有培养潜力的体育骨干教师，每个项目县各推荐 25 人，中小学均半。

（四）培训时间

培训时间为 2016 年 12 月 14 日—25 日，共 12 天。

（五）培训课程

根据培训对象和主题目标，培训设"能力诊断与理念更新、知识梳理与问题碰撞、专项技能与实践提升、专业成长与创新成果"四个模块的内容，共计 96 课时，具体见培训课程表。

表 5-6 培训课程表

时间		培训课程	课时	主讲教师	上课地点
第1天 12.14 周三	上午	报到；领取资料；安排住宿	4	项目团队	健身房
	下午	培训预备会与破冰行动	4		博士园
第2天 12.15 周四	上午	项目启动会暨开班典礼	4	教育部、儿基会、项目团队	博士园
	下午	与项目县对话：基线调研与送培工作	4	项目团队	南楼三层教室
第3天 12.16 周五	上午	【小学】中关村第三小学"积极身体活动"研讨会	4	指导教师：谢娟、郭金贵等	中关村三小
		【中学】体育常态课的观摩与研讨		做课教师：孙硕超、刘长在等 指导教师：海汶、姜宇航等	北京二中分校
	下午	素质拓展在中小学体育课堂的运用	4	高航、史红亮等	博士园、操场
第4天 12.17 周六	上午	体育教师的核心素养与教学微创新	2	陈雁飞	博士园
		基于体育核心素养与奥林匹克价值体系建构的体育课程变革	2	杨志成	
	下午	青少年体能促进与科学锻炼	4	王卫星、韩金明	博士园

续表

时间		培训课程	课时	主讲教师	上课地点
第5天 12.18 周日	上午	教学能力之提升	【小学】体育有效教学方法与教学手段的研究	4	殷剑明、韩兵	南楼三层教室
			【小学】开发和创新体育器材提高学习兴趣		魏敬、韩兵	
			【小学】体育教师专业能力提升策略与方法		崔海明、韩兵	
			【中学】有效提高学生身体健康的方法与策略	4	孙卫华、李健	
			【中学】体育大单元的设计与实施案例		陈建勤、李健	
			【中学】如何提高体育课堂的教学效率		俞伟顺、李健	
	下午	同课异构之备课	【小学】田径	4	黄春秀	
			【小学】足球		姜宇航	
			【中学】田径		胡峰光	
			【中学】篮球		史红亮	
第6天 12.19 周一	上午	通州区中小学体育大课间活动展示		4	做课教师：张金玲、梁慧子等 指导教师：袁立新、张锋周等	通州区某学校
	下午	通州区中小学体育微课观摩		4		通州区某学校
第7天 12.20 周二	上午	足球游戏在体育课中的应用		4	主讲教师：凌鹭辉 指导教师：吴波、吉洪滨等	北京市少年宫
	下午	【小学】韵律舞蹈在小学体育课堂的运用		4	王建平	健身房
		【中学】中学体育课堂中的舞蹈创编			饶子龙	
第8天 12.21 周三	上午	教学能力之诊断	运动兴趣	1	李健	南楼三层教室
			体育品行	1	张庆新	
			运动技能	1	潘建芬	
			身体健康	1	韩兵	
	下午	教学能力之提升	健康教育	1	韩金妍	南楼三层教室
			心理健康	1	张锋周	
			民传体育	1	周志勇	
			排球运动	1	杨帆	

续表

时间		培训课程		课时	主讲教师	上课地点
第9天 12.22 周四	上午	同课异构 之看课	新老教师体育教学课例观摩	4	做课教师：王长兴、王璐等 指导教师：税燕、韩兵等	昌平区天通苑小学
				4	做课教师：王晓东、卢晶等 指导教师：周志勇、胡峰光等	昌平一中天通苑校区
	下午	【小学】减肥体能主题体育课例观摩		4	做课教师：王立新、班建龙等 指导教师：韩兵、韩金妍等	昌平区二毛学校
		【中学】中考体育项目主题课例观摩		4	做课教师：殷宝振、秦婷等 指导教师：周志勇、胡峰光等	昌平区南邵中学
第10天 12.23 周五	上午	【小学】运动技术游戏化教学与大课间操展示		4	做课教师：梁吉涛、洪巍巍等 指导教师：姜宇航、杨帆等	北京实验二小大兴实验学校
		【中学】"立足学科核心素养构建校园多元文化"北京市第五十五中学"健康·成长2020"系列活动		4	做课教师：高佳、张亮等 指导教师：海汶、裴连军等	北京市第五十五中学
	下午	【小学】运动训练方法融入课堂教学观摩		4	做课教师：梁吉涛、刘凤等 指导教师：姜宇航、杨帆等	大兴区兴海学校
		【中学】升级人生的软件		4	黄虹	北京八一学校
		【中学】体育特级教师与新教师的常态课观摩与研讨		4	做课教师：黄虹、王逸等 指导教师：韩金明、周志勇等	
第11天 12.24 周六	上午	从四维谈如何上好体育课		4	于素梅	博士园
	下午	体育热身活动与常见损伤预防		4	主讲教师：陈尔昆 指导教师：梁亚婷、王忠曙等	博士园
第12天 12.25 周日	上午	班级培训经验交流与互动分享		4	项目团队	南楼三层教室
	下午	培训结业展示		4	项目团队	博士园
第13天 12.26		离京返程				

（六）培训形式

1.专家讲座与案例剖析相结合的方式

核心课程以专家讲授与案例学习相结合的培训方式开展，从理念到方法的层面进行重点突出的传教，突出理论与实践的结合，从开阔学员知识视野到提供实践应用范例，提高培训的实效性。

2. 同课异构与观摩研讨相结合的方式

针对体育教学中的主要内容，分学段、分项目进行同课异构之备课、说课、看课串联性培训，针对不同主题的体育课进行实地观摩后，组织专题研讨，利用头脑风暴展开问题研讨与解决，提升教师的教学能力。

3. 自我诊断与名师引领相结合的方式

以体育与健康课程标准为蓝本，基于运动兴趣、运动技能、身体健康、体育品行四个维度，促使体育教师进行教学能力的自我诊断，并结合具体运动项目的特点，整合北京市一线体育名师以及学院学科专家的力量，助推教师的发展。

（七）考核办法

1. 每人自选某一项运动技术，完成一节课的优质体育教学设计。

2. 结合培训主题，每人进行体育教学能力的诊断，制定自我提升计划。

二、2017 年小学专兼职体育教师送培简案

（一）培训背景

为贯彻落实《乡村教师支持计划（2015—2020 年）》（国办发〔2015〕43 号）精神，推动中西部农村教师队伍建设，根据《中国政府与联合国儿童基金会国别方案行动计划（2016—2020 年）》，教育部与联合国儿童基金会共同启动实施"学校体育与体育教师培训"项目，并委托北京教育学院作为技术单位承担中小学专兼职体育教师专家送培项目，按照项目总体规划，2017 年度重点关注小学专兼职体育教师专家送培与现场指导工作。

（二）培训目标

培训以"体育教学能力进阶提升的策略"为主题，针对《义务教育体育与健康课程标准（2011 年版）》实施背景下项目县小学体育教学中的实际问题，满足小学专兼职不同发展层次体育教师的需求，凸显培训实效，促使教师的体育教学能力在原有基础上有较大程度的提高，逐步引领教师突破发展瓶颈，达到质变境界，在区域学科教学中发挥带头辐射作用。

（三）培训对象

培训对象为小学专兼职体育教师，广西忻城、贵州盘州、云南弥勒、辽宁本溪四个项目县各 50 名，共 200 名。

（四）培训时间

2017 年 5—6 月期间，培训共计 5 天。

（五）培训课程与方式

表 5-7 云南、广西、贵州三地培训课程

天数		内容		地点	负责人
1（周日）		专家抵达项目县		项目县	各领队与项目县负责人
		专家与项目县团队对接			
2 周一	上午		开班典礼	报告厅	县局领导、北京专家
		专家讲座	体育核心素养与课标在课堂的有效落实		北京专家
	下午	分组技能学练	A 组：50 米跑、往返跑	操场	北京专家 赴京培训者 / 专职体育教师
			B 组：坐位体前屈、仰卧起坐		
			C 组：跳绳、立定跳远		
			D 组：投掷沙包、投掷垒球		
			E 组：队列队形		
3 周二	上午	专家讲座	学生运动能力提升案例分析	报告厅	北京专家
			体育活动安全隐患防范与运动损伤预防		北京专家
	下午	分组技能学练	A 组：体操——徒手操	操场	北京专家 赴京培训者 / 专职体育教师
			B 组：篮球——运传投		
			C 组：排球——传垫发		
			D 组：足球——运传射		
			E 组：武术——五步拳		
4 周三	上午	培训点	4—6 年级异地教学田径课 1 节 结合人教版田径教材分析	操场	北京专家 培训点：田径项目 村小点：球类 + 民传项目
		村小点	1—3 年级异地教学体育课 1 节 1—3 年级趣味体育活动	村小 1	
	下午	培训点	学生体验：趣味田径活动 教师实操：趣味田径活动	操场	
		村小点	1—3 年级异地教学体育课 1 节 1—3 年级趣味体育活动	村小 2	
5 周四	上午	培训点	4—6 年级异地教学球类课 1 节 结合人教版球类教材分析	操场	北京专家 培训点：球类项目 村小点：田径 + 民传项目
		村小点	1—3 年级异地教学体育课 1 节 1—3 年级趣味体育活动	村小 3	
	下午	培训点	学生体验：趣味球类活动 教师实操：趣味球类活动	操场	
		村小点	1—3 年级异地教学体育课 1 节 1—3 年级趣味体育活动	村小 4	
6 周五	上午	培训点	4—6 年级异地教学民传课 1 节 结合人教版民传教材分析	操场	北京专家 培训点：民传项目 村小点：田径 + 球类项目
		村小点	1—3 年级异地教学体育课 1 节 1—3 年级趣味体育活动	村小 5	
	下午		基本运动技能学练成果展示	操场	县局领导、北京专家
			5 位小学专职体育教师微课赛课		
			项目结业典礼与成果展示		
7（周六）		专家与项目县团队对接		项目县	各领队与项目县负责人
		专家离开项目县			

表 5-8 辽宁培训课程安排

天数			内容	地点	负责人
1（周日）			专家抵达项目县	项目县	各领队与项目县负责人
			专家与项目县团队对接		
2 周一	上午		开班典礼	报告厅	县局领导、北京专家
		专家讲座	小学体育教师基本功的缺失与提升		仓江
	下午	专家讲座	体育核心素养与课标在课堂的有效落实		陈雁飞
		技能学练	队列队形 + 口令训练	操场	马立军
3 周二	上午	专家讲座	体育活动安全隐患防范与运动损伤预防	报告厅	韩兵
		技能学练	花样跳绳的实践体验	操场	张跃宗
	下午	专家讲座	学生运动能力提升案例分析	报告厅	黄春秀
		技能学练	体操技巧教材教法指导	操场	任海江
4 周三	上午	同课异构	异地教学田径课 20 分钟微课 2 节	操场	本溪体育教师 1、2
			异地教学田径课 1 节		马立军
		对话交流	结合人教版田径教材分析	报告厅	马立军、黄春秀
	下午	学生体验	学生体验：趣味田径活动	操场	马立军、黄春秀
		教师实操	教师实操：趣味田径活动		
5 周四	上午	同课异构	异地教学球类课 20 分钟微课 2 节	操场	本溪体育教师 3、4
			异地教学球类课 1 节		任海江
		对话交流	结合人教版球类教材分析	报告厅	任海江、张庆新
	下午	学生体验	学生体验：趣味球类活动	操场	任海江、张庆新
		教师实操	教师实操：趣味球类活动		
6 周五	上午	同课异构	异地教学民传课 20 分钟微课 2 节	操场	本溪体育教师 5、6
			异地教学民传课 1 节		张跃宗
		对话交流	结合人教版民传教材分析	报告厅	张跃宗、韩兵
	下午	同课异构	异地教学体操类课 20 分钟微课 2 节	操场	本溪体育教师 7、8
		成果展示	队列队形 + 口令 5 分钟展示		马立军
			花样跳绳技能 5 分钟展示		张跃宗
			田径游戏创编 5 分钟展示		马立军、黄春秀
			球类游戏创编 5 分钟展示		任海江、张庆新
		结业典礼	领导讲话		县局领导、北京专家
7（周六）			专家与项目县团队对接	项目县	各领队与项目县负责人
			专家离开项目县		

（六）培训形式

1. 专家讲座与案例分析相结合的方式

针对核心素养与课标、学生运动能力、运动安全与运动损伤等专题采用专家讲座与案例分析相结合的方式，深入浅出将体育学科发展的前沿理论与知识一一解析，将各地体育优秀课例与活动案例鲜活地展现给参训学员，拓宽教师的视野。

2. 技能学练与基本功修炼相结合的方式

针对小学生体质健康测试项目与体育运动足篮排体武五大项的基本技能，由北京专家与县级赴京参训者、小学专职体育教师两两搭配进行分组学练指导，融入讲解示范练习等基本教法、口令调队哨子、队列队形组织等基本功，提升教师运动技能与基本功水平。

3. 现场对话与名师引领相结合的方式

以田径、球类、民传为主要教学内容，分低高年级、分项目进行小学体育教师现场观摩北京市小学体育名师异地做课，并就做课内容进行相关的教材分析、单元呈现、教法解析、问题解答，提升教师的教学能力。

4. 实践体验与效果反馈相结合的方式

针对田径类、球类、民传类趣味体育活动内容，采用教师实践体验与学生学练效果反馈相结合的方式，从技术到方法的层面重点突出实践体验，突出学生跟随北京专家进行活动后的效果反馈，提高培训的实效性。

5. 角色转换与微课赛课相结合的方式

由项目县推选出 5 位赴京参训者、小学专职体育教师承担分组技能学练指导教师角色，合作完成培训任务，并在结业典礼暨成果展示活动中每人承担 15 分钟微课，由北京专家评选出 2 名教学能手，作为种子教师再次赴京接受高水平专业指导。

（七）考核办法

1. 每人自选一个小组，参加基本运动技能学练成果展示。

2. 每人提出一个问题，与专家、同行对话后，整理出 500 字的解决方案。

（八）培训师资

每个项目县共计 12 名培训专家，其中北京选派体育专家 7 名（含学校体育专家 3 名、小学体育名师 3 名、运动安全与损伤专家 1 名）；另外每个项目县推选出 5 位曾赴京参训的专职体育教师。

三、2018 年初中专职体育教师送培简案 1

（一）培训背景

为贯彻落实《乡村教师支持计划（2015—2020 年）》（国办发〔2015〕43 号）精神，

推动中西部农村教师队伍建设，根据《中国政府与联合国儿童基金会国别方案行动计划
（2016—2020 年）》，教育部与联合国儿童基金会共同启动实施"学校体育与体育教师培
训项目"，并委托北京教育学院作为技术单位承担中小学专兼职体育教师专家送培项目，
按照项目总体规划，2018 年度重点关注初中专职体育教师专家送培现场指导工作。

（二）培训目标

培训以"体育教学能力进阶提升的策略"为主题，针对《义务教育体育与健康课程标
准（2011 年版）》实施背景下项目县初中体育教学中的实际问题，满足初中专职不同发
展层次体育教师的需求，凸显培训实效，促使教师的体育教学能力在原有基础上有较大程
度的提高，逐步引领教师突破发展瓶颈，达到质变境界，在区域学科教学中发挥带头辐射
作用。

（三）培训对象

初中专职体育教师专家送培。培训对象为中学体育教师，广西忻城、贵州盘州、云南
弥勒、辽宁本溪四个项目县各 50 名，共 200 名。

（四）培训时间

2018 年 4—5 月期间，初中专职体育教师专家送培 5 天。

（五）培训课程与方式

表 5-9 培训课程与方式安排表

时间			内容	地点	负责人
1 周日	全天		专家报道，与当地负责人对接	项目县	项目团队
2 周一	上午	开班典礼	开班主持，致欢迎辞，方案解读	报告厅	项目团队
			学员代表讲话		学员代表
			领导讲话		市局领导
		专家讲座	中学体育教学变革指向学生核心素养		北京专家
	下午	专家讲座	中考体能教法展示	报告厅	北京专家
		京师课堂	异地中考体能课 1 节	操场	
		对话交流	初中体能教学现场互动与研讨	报告厅	

时间		内容		地点	负责人
3 周二	上午	专家讲座	中学生体育锻炼之健康防护	报告厅	北京专家
		微课展示	当地教学田径课1节	操场	参培教师
		对话交流	结合人教版田径教材分析		北京专家
	下午	专家讲座	初中田径教材教法分析	报告厅	北京专家
		京师课堂	异地田径课1节	操场	
		对话交流	田径教学现场互动与研讨		
4 周三	上午	专家讲座	以封闭式、开放式运动技能分类视角观中学体育课堂	报告厅	北京专家
		微课展示	当地教学篮球课1节	操场	参培教师
		对话交流	结合人教版篮球教材分析		北京专家
	下午	专家讲座	初中篮球教材教法分析	报告厅	北京专家
		京师课堂	异地篮球课1节	操场	
		对话交流	篮球教学现场互动与研讨		
5 周四	上午	专家讲座	篮球竞赛规则与裁判法	报告厅	北京专家
		微课展示	当地教学足球课1节	操场	参培教师
		对话交流	结合人教版足球教材分析		北京专家
	下午	专家讲座	初中足球教材教法分析	报告厅	北京专家
		京师课堂	异地足球课1节	操场	
		对话交流	足球教学现场互动与研讨		
6 周五	上午	微课展示	当地初中体能教学课1节	操场	参培教师
		对话交流	结合教材教法分析		北京专家
	下午	成果展示	趣味体操、田径、球类活动	操场	参培教师
			创编5分钟展示		
		结业典礼	精彩回放 培训总结	报告厅	项目团队
			学员代表讲话		学员代表
			颁发证书		县局领导
			领导讲话		
7 周六	全天		与当地负责人对接后续工作，返程	项目县	项目组

（六）培训形式

1. 专家讲座与案例分析相结合的方式

针对核心素养与课标、学生运动能力、运动安全与运动损伤等专题采用专家讲座与案例分析相结合的方式，深入浅出地将体育学科发展的前沿理论与知识一一解析，将各地体育优秀课例与活动案例鲜活地展现给参训学员，拓宽教师的视野。

2. 技能学练与基本功修炼相结合的方式

针对中学常见体育教学内容田径、体操、球类三大项的基本技能，由北京专家进行分组学练指导，融入讲解示范练习等基本教法，口令调队哨子、队列队形组织等基本功，提升教师运动技能与基本功水平。

3. 现场对话与名师引领相结合的方式

以田径、球类、体操为主要教学内容，分项目进行现场观摩北京市中学体育名师异地做课，并就做课内容进行相关的教材分析、单元呈现、教法解析、问题解答，提升教师的教学能力。

4. 实践体验与效果反馈相结合的方式

针对田径类、球类、民传类趣味体育活动内容，采用教师实践体验与学生学练效果反馈相结合的方式，从技术到方法的层面重点突出实践体验，突出学生跟随北京专家进行活动后的效果反馈，提高培训的实效性。

5. 微课展示与听课评课相结合的方式

由项目县推选出 10 位赴京参训者，每人根据自己的专项，自选教学内容承担 20 分钟微课，展示项目县中学体育教师的教学水平，由北京专家组成指导团，进行现场听评课指导，进一步提升培训质量。

（七）考核办法

1. 每人自选一个小组，参加基本运动技能学练成果展示。

2. 每人提出一个问题，与专家、同行对话后，整理出 500 字的解决方案。

四、2018 年初中专职体育教师培训简案 2

依据教育部—联合国儿童基金会"学校体育与体育教师培训"项目 2016—2020 年的工作计划，结合项目县体育教师队伍建设及体育教师培训工作的需求情况，在 2017 年培训的基础上，不断提高项目县体育教师培训工作的质量与效果，推进培训项目深入开展，特制定本次培训方案。

（一）指导思想

以项目县体育教师专业发展的实际需求为导向，以解决体育教师教学训练实践中存在的突出问题为突破口，以体育教师专业知识和专业能力为主要内容，以课堂诊断、名师示范、专家讲座、学员研讨为主要形式，通过诊断示范、研课磨课、成果展示、总结提升等过程，加快提升项目县乡村体育教师教育教学能力，促进体育教育均衡发展，全面提高项目县体育教育教学质量。

（二）培训对象、人数、时间

培训对象：每个项目县初中体育骨干教师50人。

培训时间：

山东曲阜，2018年11月4日—9日，4日报到，9日离会。

重庆忠县，2018年11月12日—17日，12日报到，17日离会。

（三）培训目标

1. 开展初中体育教师集中培训工作。中考体育加试是体育教学的重要手段之一，是对体育教学质量的验证，也是推动体育教学改革提高体育教学质量的有效措施。本次培训以项目县中考体育加试项目为重点，采用基于实践教学研究的创新方法，提高项目县中小学体育教师田径、足球及篮球教学训练技能，使项目县中小学体育教师最大限度地受益于首都体育学院田径、足球、篮球教学教师的专长。

2. 到项目县开展现场诊断、议课评课等参与式活动，找准乡村体育教师课堂教学存在的突出问题，增强乡村体育教师对教学实践的行动观察、自我反思等能力。针对乡村体育教师课堂教学存在的突出问题，选择典型的课例，通过名优体育教师说课、上课、专家评课等多种方式提供教学和教研示范，使乡村体育教师进一步理解课堂和教学，激发其主动规划自我专业发展的有效路径。

（四）培训课程

表5-10 山东曲阜培训日程安排

日期	培训内容	主讲教师
11月4日全天	报到	项目团队
11月5日全天	专项体能训练方法手段与男子立定跳远和引体向上	谭正则
11月6日上午	体育教学训练进展	李建臣
11月6日下午	篮球游戏教学与创新	陈钧
11月7日上午	篮球运、传、投技术训练方法与手段	陈臣
11月7日下午	专项体能训练方法手段与女子立定跳远和仰卧起坐	任越

续表

日期	培训内容	主讲教师
11月8日上午	体能训练与中长跑	李建臣
11月8日下午	足球运球训练方法	施萌雨
11月9日上午	分组研讨	李建臣
	结业仪式	杜俊娟
11月9日下午	返程	项目团队

表 5-11 重庆忠县培训日程安排

日期	培训内容	主讲教师
11月12日全天	报到	项目团队
11月13日上午	田径运动青少年体能训练	谭正则
11月13日下午	专项体能训练方法手段与立定跳远	谭正则
11月14日上午	体育教学训练进展	李建臣
11月14日下午	专项体能训练方法手段与1分钟跳绳	任越
11月15日上午	比赛期间运动队管理及准备	赵治治
11月15日下午	足球运动体能训练	赵治治
11月16日上午	足球训练方法和手段	高原
11月16日下午	专项体能训练方法手段与实心球	李建臣
	课程展示与总结	李建臣 郑亚平
11月17日全天	返程	项目团队

（五）培训方式

采用理论课堂讲授与实践操作相结合的培训方式。具体包括专题讲座、实践操作、案例分析、问题研讨、交流分享以及小组活动等。

（六）考核评价及培训证书

培训结束后，对学员进行集中考核，主要从三方面进行评价：

1. 学习态度。以培训期间学员考勤结果为主要评价依据，该项成绩占总成绩的 20%。

2. 课程作业。学员按培训教师的要求完成作业一份，根据学员所完成作业的质量进行评分，该项成绩占总成绩的 30%。

3. 现场上课。每人或每组上 15 分钟体育课，对其教学能力进行评价。该项成绩占总成绩的 50%。

培训学员经考核成绩合格者，由曲阜、忠县培训组织部门按要求和统一格式颁发培训结业证书，该证书培训学分计入体育教师继续教育学时（学分）登记档案。

五、2019 年国家级培训者培训简案

（一）培训背景

《国务院办公厅关于强化学校体育 促进学生身心健康全面发展的意见》（国办发〔2016〕27 号）提出体育教学要"注重运动技能学习""让学生熟练掌握一至两项运动技能"；《中国学生发展核心素养》提出"健康生活""掌握适合自己的运动方法和技能"；体育学科核心素养提出"运动能力、健康行为、体育品德"。作为中小学体育教师而言，如何通过有效的教学方法提高课堂练习密度与运动负荷，趣味的教学方法提高学生参与度与学练兴趣，实用的教学方法提高学生实战与比赛能力，全面提升体育课堂教学效果与教学质量是完成贯彻落实上述文件的关键点。

为贯彻落实《乡村教师支持计划（2015—2020 年）》（国办发〔2015〕43 号）精神，推动中西部农村教师队伍建设，根据《中国政府与联合国儿童基金会国别方案行动计划（2016—2020 年）》精神，教育部、联合国儿童基金会、北京教育学院携手，精心组织实施此次"学校体育与体育教师培训"2019 年国家级培训者培训班。

（二）培训目标

以"提升学生运动能力的有效策略"为主题，以"课堂创新 研究引领"为理念，努力将参训学员培养成为了解国内外前沿理论，理解体育学科育人的本质、运动项目特性的本质、学生学习规律的本质等基本问题，结合自己的运动专项与教学特长，创造性地进行教学策略的选用与优化，在各项目县能承担校本以及区域教研活动推进的合格培训者。

具体目标如下：

1. 加深体育教师的知识储备，聚焦对学科核心价值、运动项目特性、学生学习规律等学生运动能力提升原理的本质理解。

2. 提高体育教师的专业能力，引发对教材特性分析、教学方法优化、教学环节整合等学生运动能力提升路径的实践思索。

3. 强化体育教师的创新意识，共享对自身运动专项、教学特色风格、教研活动方向等学生运动能力提升质变的智慧碰撞。

（三）培训对象

广西忻城、云南弥勒、贵州盘州、辽宁本溪项目县教育局的体育教研员，乡镇中心校

教研员，县推荐当地的、有积极性、有培养潜力的体育教师各25人，建议中小学各半，合计100人。

（四）培训时间

1. 报到时间：2019年3月24日（星期日）

2. 培训时间：2019年3月25日—29日

3. 返程时间：2019年3月30日（星期六）

（五）培训内容

根据培训对象和主题目标，培训设"师德修炼与理念更新、知识梳理与问题碰撞、专项技能与实践提升、专业成长与创新成果"四个模块的内容，共计40课时，具体见培训课程表。

表5-12 培训课程表

时 间			培训课程	主讲教师	上课地点
第1天	3.24 周日	全天	报到注册；领取资料；安排住宿	项目团队	黄化门校区
第2天	3.25 周一	上午	培训开班典礼	领导	博士园
			教育部—联合国儿童基金会2019年度工作部署	项目团队	
		下午	分组研讨2019年工作落实措施与方案跟进	项目团队	西楼教室
					南楼教室
第3天	3.26 周二	上午	【中学】基于篮球+武术项目特性提升学生运动能力	周志勇 丁福芹等	北京35中
			【小学】基于足球项目特性提升学生专项运动能力	史红亮 焦健等	西中街小学
		下午	【中学】基于体操+田径项目特性提升学生运动能力	黄春秀 王玉中等	北京65中
			【小学】基于篮球项目特性提升学生专项运动能力	张庆新 贾萌等	宏庙小学
第4天	3.27 周三	上午	【中学】优秀体育教师的教学风格展示与经验分享	张锋周 黄虹等	北京八一学校
			【小学】优秀体育教师的教学风格展示与经验分享	陈雁飞 魏敬等	通州潞县镇小学
		下午	【中学】提升学生体能创新策略的课例观摩体验	韩金明 孙建国等	北京中学
			【小学】基于身体功能性训练的体育游戏观摩体验	张庆新 王晓东等	朝阳石佛营小学

续表

时 间			培训课程	主讲教师	上课地点
第5天	3.28 周四	上午	心理学视角下的运动能力	张锋周	博士园
			"运动能力"视域下学生体能练习的实施策略	韩兵	
			基于比赛的篮球教学理念促进学生运动能力提升	史红亮	
		下午	促进学生运动能力发展的教学逻辑	张庆新	
			武术项目提升学生运动能力的有效策略	韩金明	
			学生足球运动能力培养的内容规划与练习方法	姜宇航	
第6天	3.29 周五	上午	运动能力在学校体育中的人化与化人	陈雁飞	博士园
			基于田径项目特性提升学生运动能力的有效策略	黄春秀	
		下午	培训结业展示	项目团队	博士园
第7天	3.30 周六	上午	离京返程	项目团队	

（六）培训方式

1. "串联式"专家传教

通过专家讲座、案例学习、问题研讨、互动分享的方式，主要运用于师德修炼与理念更新模块、知识梳理与问题碰撞模块，从理念到方法的层面进行重点突出的传教，从扩知识视野到用知识技能互动交流、解答问题的碰撞，突出系统全面，突显实践应用。

2. "专项化"教材分析

通过分项展现、案例学习、问题研讨、参与式培训的方式，结合学员情况和需求，分别进行田径、足球、篮球、武术、体能的项目特性、教材特性、发展学生运动能力核心指向等方面的研讨，凸显提升学生运动能力的专项化体育教学设计与实施。

3. "联动式"驱动观摩

通过名师示范课、看课评课、问题研讨、任务驱动的方式，结合学生运动能力提升有效策略的热点和难点问题，由北京市区级体育教研员与观摩学校的特级教师牵头开展教研联动，凸显提升学生运动能力教学策略的有效途径和策略办法。

（七）培训考核

1. 5人一组，自选某一个运动项目，在总结提炼出其项目特性、学情特点、教法特色的基础上，设计一门适合校本培训的微课程。

2. 每人完成一份"三个优点两个改进一个建议"600字左右的培训感悟与体会。

六、2019年中小学专职体育教师培训者送培简案1

（一）培训背景

为贯彻落实《乡村教师支持计划（2015—2020年）》（国办发〔2015〕43号）精神，推动中西部农村教师队伍建设，根据《中国政府与联合国儿童基金会国别方案行动计划（2016—2020年）》精神，教育部与联合国儿童基金会共同启动实施"学校体育与体育教师培训"项目，并委托北京教育学院作为技术单位承担中小学专兼职体育教师专家送培项目，按照项目总体规划，2019年度重点关注中小学专职体育教师现场培训指导工作。

（二）培训目标

培训以"基于课堂生成问题的教研能力提升"为主题，针对体育与健康学科核心素养实施背景下项目县中小学体育课堂教学能力，从备课、说课、展示课、评课四个方面提升中小学专职教师对体育课堂把握能力，凸显培训实效，全面发展教师的教学与教研能力，在原来的基础上有较大程度的提高，逐步引领教师突破发展瓶颈，达到质变境界，在各项目县能承担校本以及区域教研活动推进的合格培训者。

（三）培训对象

中小学专职体育教师专家送培。培训对象为中小学体育教师，每个项目县50名，共200名。

（四）培训时间

2019年5月12日—18日，中小学专职体育教师专家送培7天。

（五）培训课程与方式

表5-13 培训课程与方式安排表

时间		内容		地点	负责人
第一天 周日	全天	学员与专家报到，与当地负责人对接		项目县	项目团队
第二天 周一	上午	开班典礼	开班主持、致欢迎辞、方案解读	报告厅	项目团队
			学员代表讲话		学员代表
			领导讲话		相关领导
		中小学	中小学体育课堂监测分析	报告厅	北京专家
			体育听评课注意的要点剖析		
	下午	小学分组	运动项目教法指导：田径、体操、球类	教室	北京专家
		中学分组	运动项目教法指导：田径、足球、体操		

续表

时间			内容	地点	负责人
第三天 周二	上午	本地说课	小学体育说课: 田径、足球、队列队形、乒乓球、运动损伤(室内)	教室	参培教师
		本地说课	中学体育说课：篮球、排球、体能、足球		参培教师
		专家点评	说课点评		北京专家
	下午	本地说课	小学体育说课：体操、技巧、啦啦操、篮球、足球		参培教师
		本地说课	中学体育说课：足球、足球、田径、田径、田径		参培教师
		专家点评	说课点评		北京专家
第四天 周三	上午	本地课堂	当地小学体育教学展示课：足球课、排球课	操场	参培教师
		专家点评	展示课专家点评	报告厅	北京专家
		本地课堂	当地中学体育教学展示课：田径课、田径课	操场	参培教师
		专家点评	展示课专家点评	报告厅	北京专家
	下午	本地课堂	当地小学体育教学展示课：田径课、田径课	操场	参培教师
		专家点评	展示课专家点评	报告厅	北京专家
		本地课堂	当地中学体育教学展示课：武术课、篮球课	操场	参培教师
		专家点评	展示课专家点评	报告厅	北京专家
第五天 周四	上午	本地课堂	当地小学体育教学展示课：足球课、篮球课	操场	参培教师
		专家点评	展示课专家点评	报告厅	北京专家
		本地课堂	当地中学体育教学展示课：田径课、体能课	操场	参培教师
		专家点评	展示课专家点评	报告厅	北京专家
	下午	本地课堂	当地小学体育教学展示课：篮球课、体操课	操场	参培教师
		专家点评	展示课专家点评	报告厅	北京专家
		本地课堂	当地中学体育教学展示课：足球课、体操课	操场	参培教师
		专家点评	展示课专家点评	报告厅	北京专家
第六天 周五	上午	本地课堂	当地小学体育教学展示课：田径课、篮球课	操场	参培教师
		本地课堂	当地小学体育教学展示课：田径课、体操课	操场	参培教师
		本地培训者点评	展示课点评	报告厅	参培教师
		专家指导	展示课专家指导		项目团队
	下午	结业典礼	精彩回放、培训总结	报告厅	项目团队
			学员代表讲话		学员代表
			颁发证书		县局领导
			领导讲话		
第七天 周六	全天		与当地负责人对接后续工作，返程	项目县	项目组

（六）培训形式

1. 专家备课指导与问题解答相结合的方式

针对核心素养与课标、体育教学真实情境创设等落实问题，采用专家指导与案例分享相结合的方式，深入浅出地将理念指导思想贯彻在体育课堂教育教学中，用案例分享展现给参训学员，拓宽教师的视野。同时，针对中小学常见体育教学内容由北京专家进行分组教学指导，融入教法设计、学法指导、组织形式等，提升教师体育课堂教学设计的能力。

2. 说课指导与名师点评相结合的方式

针对中小学体育说课要求、内容与形式进行有效的指导，剖析教材内容的结构，进行相关的教材分析、单元呈现、教法解析、问题解答，全面提升教师对体育教材的深入研究能力，用北京名师点评的形式，互动交流，直击问题，进一步提升教师的教学能力。

3. 做课展示与听评课指导相结合的方式

由项目县推选出 20 名优秀培训者与参训者，每人根据自己的专项，结合培训教学内容承担一节完整体育课，并进行评课活动，展示项目县中小学体育教师的教学水平，由北京专家组成指导团，进行现场听评课指导，进一步提升培训质量。

（七）考核办法

1. 5 人一组，每个小组选取一个课堂观察点进行任务驱动式观摩，并填写任务驱动观摩研讨记录表。

2. 每人自选某一个运动项目，在总结提炼出其项目特性、学情特点、教法特色的基础上，设计一门适合校本培训的微课程。

七、2019 年中小学专职体育教师培训者送培简案 2

（一）培训背景

根据《教育部教师工作司关于实施教育部—联合国儿童基金会"创新性教学与教师培训项目"及"学校体育与体育教师培训项目"（2016—2020）工作的通知》文件，结合项目 2018 年工作汇报会会议精神和 2019 年国家级培训者培训班成果，特制定本方案。

（二）培训目标

根据县级培训者的自身特点和项目需求，培训主题定位为"县级培训者培训能力提升"。培训目标为提升教学、教研、培训能力，打造一支"干得好、用得上"的县级教师培训团队。通过对县级培训者的培养，有效提高体育教学质量、增进农村学生体质健康。

（三）培训对象

山东曲阜体育教师培训者 50 名。

（四）培训时间

2019 年 10 月 20 日—10 月 25 日

（五）培训课程

表 5-14 培训课程表

日期	时间	内容设计	形式	培训者/协助者	地点	分班
20 日 全天	16:00—17:30	报到		项目团队		全班
21 日 上午	08:00—08:30	20 日未报到学员报到		项目团队	会议室	全班
	08:30—09:00	1. 介绍出席培训班的领导、专家及与会人员 2. 曲阜教体局领导致辞 3. 学员代表讲话 4. 领导讲话	开班仪式	项目团队	多媒体会议室	
	09:00—9:30	合影		项目团队	办公楼前	
	9:30—10:30	篮球教学与训练进展	理论技术	陈钧	会议室	
	10:40—12:00	篮球教学实践课	实践课	陈钧	篮球馆	
21 日 下午	14:30—15:10	篮球教学说课（4 节）	实践课	曲阜培训者：4 人	会议室	全班
	15:10—15:30	说课点评	专家点评	李建臣、颜天民、马龙 陈钧、高原、刘沛		
	15:40—17:00	篮球展示课（2 节）	实践课	曲阜培训者：2 人	篮球馆	
	17:00—17:30	展示课专家点评	专家点评	李建臣、颜天民、马龙 陈钧、高原、刘沛		
22 日 上午	09:00—9:40	足球教学训练与进展	理论 技术	高原	会议室	全班
	11:30—12:00	足球教学实践课	技术		足球场	
22 日 下午	14:30—15:10	足球教学说课（4 节）	实践课	曲阜培训者： 4 人	会议室	全班
	15:10—15:30	展示课专家点评	专家点评	李建臣、颜天民、马龙 陈钧、高原、刘沛		
	15:40—17:00	足球展示课（2 节）	实践课	曲阜培训者：2 人	足球场	
	17:00—17:30	展示课专家点评	专家点评	李建臣、颜天民、马龙 陈钧、高原、刘沛		

续表

日期	时间	内容设计	形式	培训者 / 协助者	地点	分班
23 日 上午	09:00—10:20	中小学体育课教学理论与实践	理论	马龙	会议室	全班
	10:40—12:00	基于课程标准下的体育课堂教学转型	理论			
23 日 下午	14:30—15:30	田径教学训练与进展	理论技术	李建臣	会议室	全班
	15:40—17:30	田径教学实践课	实践课	李建臣	田径场	
24 日 上午	09:00—9:40	田径教学说课（4 节）	实践课	曲阜培训者：4 人	会议室	全班
	09:40—10:00	展示课专家点评	专家点评	李建臣、颜天民、马龙 陈钧、高原、刘沛	会议室	
	10:10—11:30	田径展示课（2 节）	实践课	曲阜培训者：2 人	田径场	
	11:30—12:00	展示课专家点评	专家点评	李建臣、颜天民、马龙 陈钧、高原、刘沛	田径场	
24 日 下午	14:30—15:30	体操教学训练与进展	理论技术	颜天民	会议室	全班
	15:40—17:30	体操教学实践课	实践课			
25 日 上午	09:00—9:40	体操教学说课（4 节）	实践课	曲阜培训者：4 人	会议室	全班
	09:40—10:00	展示课专家点评	专家点评	李建臣、颜天民、马龙 陈钧、高原、刘沛		
	10:10—11:30	体操展示课（2 节）	实践课	曲阜培训者：2 人		
	11:30—12:00	展示课专家点评	专家点评	李建臣、颜天民、马龙 陈钧、高原、刘沛		
25 日 下午	14:30—15:30	小学田径、体操、篮球、足球及其他项目教学理论与实践讨论	专家解答与讨论	李建臣、颜天民、马龙 陈钧、高原、刘沛	会议室	全班
	15:40—16:30	中学田径、体操、篮球、足球及其他项目教学理论与实践讨论	专家解答与讨论	李建臣、颜天民、马龙 陈钧、高原、刘沛		
	16:30—17:30	结业典礼				
26 日		返程				

（六）培训方式

采用课堂讲授与教学展示相结合、理论学习与实践操作相结合等多种培训方式。具体包括专题讲座、实践操作、课堂观摩、案例分析、问题研讨、交流分享、导师指导等。

（七）考核评价及培训证书

培训结束后，对学员进行集中考核，主要从三个方面进行评价。

1. 学习态度。以培训期间学员考勤结果为主要评价依据，该项成绩占总成绩的20%。

2. 体育课教案编写。现场出题，学员按要求编写一堂体育课的教案，根据学员所编写体育课教案的质量进行评分，该项成绩占总成绩的30%。

3. 现场说课或展示课任选一项，说课10分钟，展示课20分钟，对其教学能力进行评价，该项成绩占总成绩的50%。篮球和足球每组10人，田径和体操每组15人，要求每位学员都参加，专家组或培训单位可根据报名人数调整分组情况。

培训学员经考核成绩合格者，由首都体育学院按要求和统一格式颁发培训结业证书。

（八）培训成果

1. 以项目县为单位，收集整理的学员研修成果的培训文集一套。

2. 含培训讲义、PPT课件、培训掠影等在内的培训资源一套。

3. 县级培训者的教案一套。

4. 项目总结绩效报告一份。

八、"UNICEF"杯中小学体育教师教学风采展示活动

（一）活动背景

为贯彻落实《乡村教师支持计划（2015—2020年）》（国办发〔2015〕43号）精神，推动中西部农村教师队伍建设，根据《中国政府与联合国儿童基金会国别方案行动计划（2016—2020年）》精神，教育部与联合国儿童基金会共同启动实施了"学校体育与体育教师培训"项目。北京教育学院和首都体育学院作为技术单位，组建高水平专家团队，深入项目县进行实地调研、制定系统和有针对性的项目实施方案、开展形式多样的培训和指导活动。在项目稳步开展、顺利推进的过程中，项目县中小学体育教师均积累了一些理论新认识、实践新经验、教学新成果。因此，按照项目总体规划，2020年重点关注项目县中小学体育教师教学风采展示活动。

（二）活动目标

活动以"中小学体育教师教学风采展示"为主题，针对体育与健康学科核心素养背景下项目县中小学体育教师教学能力的现状，从教学风采展示活动的理论指导、实操指导、现场指导三个方面入手，从备课、说课、展示课、评课四个环节展开，采用理实一体化研训模式，深度解析由国家级项目专家和县级培训者共同编写的"学练赛一体化"理念下《中小学体育与健康课程教学新思路》的核心内容，助推参加活动者结合自己的运动专项与教学特长，创造性地进行教学策略的选用与优化，构建高质量的中小学体育课堂教学，帮助

中小学生"享受乐趣、增强体质、健全人格、锻炼意志"，并在项目县中小学体育教学中发挥带头辐射作用。

（三）活动对象

活动主要面向辽宁本溪、云南弥勒、贵州盘州、广西忻城、山东曲阜、重庆忠县六个项目县的 300 名中小学体育骨干教师，遴选范围主要是曾参加教育部—联合国儿童基金会"学校体育与体育教师培训"项目国家级和县级培训者培训，或是由县推荐当地的、有积极性、有培养潜力、能承担起县级培训者或者兼职教研员职责的中小学体育骨干教师，每个项目县 50 人，其中小学 30 人，中学 20 人。

（四）活动时间

1. 展示活动的理论指导：2020 年 8 月 21—27 日
2. 展示活动的实操指导：2020 年 9 月
3. 展示活动的现场指导：2020 年 10 月

（五）活动内容与安排

根据活动对象和主题目标，培训设"理念更新与知识梳理、专项技能与实践提升、专业成长与创新成果"三个模块的内容，共计 120 课时，具体见活动安排。

表 5-15 展示活动的理论指导内容与安排

时间		课程	课时	主讲教师	方式
8.21 周五	上午	项目启动会暨开班典礼	2	项目团队	线上 直播
		新时代学校体育教育 10 个问题的思与变	2	陈雁飞	
	下午	体育大单元教学设计与实施	2	潘建芬	
		健康教育融入体育实践课堂教学的策略	2	韩兵	
8.22 周六	上午	如何科学制定体育学习目标	2	张庆新	
		基于表现性评价评测学生体育学习结果	2	张锋周	
	下午	基于测评诊断的体能设计与实施	2	韩金明	
		功能性体能训练课程的实操	2	霍中阳	居家 学习
		核心力量训练课程的实操		刘萌	
8.23 周日	上午	"学练赛一体化"的中小学田径教学设计	2	黄春秀	
		"学练赛一体化"的小学田径教学策略	2	魏敬	
		"学练赛一体化"的初中田径教学策略		黄虹	
	下午	"学练赛一体化"的中小学足球教学设计	2	姜宇航	
		"学练赛一体化"的小学足球教学策略	2	吉洪滨	
		"学练赛一体化"的初中足球教学策略		高佳	

续表

时间		课程	课时	主讲教师	方式
8.24 周一	晚上	"学练赛一体化"的中小学体操教学设计	2	李健	线上直播
		"学练赛一体化"的小学体操教学策略	2	蔡松梅	
		"学练赛一体化"的初中体操教学策略		李京兰	
8.25 周二	晚上	"学练赛一体化"的中小学排球教学设计	2	张庆新	
		"学练赛一体化"的小学排球教学策略	2	赵卫新	
		"学练赛一体化"的初中排球教学策略		崔瑾	
8.26 周三	晚上	"学练赛一体化"的中小学篮球教学设计	2	史红亮	居家学习
		"学练赛一体化"的小学篮球教学策略	2	魏亮	
		"学练赛一体化"的初中篮球教学策略		韩国太	
8.27 周四	晚上	各项目县分组研讨实操指导内容与安排	4	项目团队	

备注：每位学员要在分组研讨中确定实操指导与现场展示的内容，提交给项目组，以便有针对性地安排指导教师。

表5-16 展示活动的实操指导内容与安排

项目县	组别	指导教师	指导内容	课时	方式
辽宁本溪	小学1—6组	韩金明、潘建芬、张福良 韩月仓、吴雁、尤军	备课 说课 上课 评课	非连续 5天以上 2020.9 40课时	线上交流 1对5 分组指导
	中学7—10组	徐惠、黄虹、陈建勤、刘文祥			
云南弥勒	小学1—6组	史红亮、胡峰光、何雪 秦治军、魏亮、梁吉涛			
	中学7—10组	袁立新、武杰、韩国太、刘晶			
贵州盘州	小学1—6组	姜宇航、韩兵、王晓东 赵卫新、吉洪滨、谢娟			
	中学7—10组	胡凌燕、李京兰、高佳、王玉中			
广西忻城	小学1—6组	张锋周、马敬衣、张跃强 张庆新、王芳、郭书华			
	中学7—10组	韩金妍、孙卫华、蔡将、崔瑾			
山东曲阜	小学1—6组	周志勇、李健、马龙 蔡松梅、崔宝春、焦健			
	中学7—10组	孙建国、胡永恒、周建龙、刘萌			
重庆忠县	小学1—6组	魏敬、马立军、班建龙 霍中阳、宋文平、芦海棠			
	中学7—10组	黄春秀、武凤鸣、丁福芹、杨贺			

备注：每个学员要在专家指导后完成1个运动项目的大单元教学设计，1节展示课的课时教学设计，5分钟说课的PPT等文本资料，提交给项目组。

表 5-17 展示活动的现场指导内容与安排

项目县	组别	指导教师	负责人	指导内容	课时	地点
辽宁本溪	小学组	潘建芬、尤军、韩月仓	韩金明 陈喜田 张广斌	教学设计 现场说课 现场展示 / 模拟课例	2020.10 连续5天 每天6节课 上下午各半 最后一天公布展示结果 40课时	专家线上指导 学员集中展示
	中学组	黄虹、陈建勤、刘文祥				
云南弥勒	小学组	胡峰光、梁吉涛、何雪	史红亮 杨金泳			
	中学组	袁立新、武杰、韩国太				
贵州盘州	小学组	韩兵、王晓东、赵卫新	姜宇航 赵芬			
	中学组	胡凌燕、李京兰、王玉中				
广西忻城	小学组	张庆新、张跃强、王芳	张锋周 韦大斌			
	中学组	韩金妍、孙卫华、蔡将				
山东曲阜	小学组	李健、马龙、蔡松梅	周志勇 范春明			
	中学组	孙建国、胡永恒、周建龙				
重庆忠县	小学组	魏敬、马立军、班建龙	黄春秀 胡渝林			
	中学组	武凤鸣、丁福芹、杨贺				

备注：如果培训前期接到疫情防控等要求，无法如期进行现场展示，可将现场展示采用室内模拟课例或是各自录制1节完整课的教学视频，在2周内提交给项目组，统一进行专家指导。

（六）活动组织

北京教育学院联合首都体育学院，以及6个项目县的具体负责人，组建一支专业扎实、素养深厚、管理科学、能战能胜的项目团队，全面负责活动的方案策划、课程设置、活动安排、学员管理、成果展示、质量监控、经费管理等各项工作。

（七）活动专家

项目组精选来自于北京市各区中小学体育教研员、正高级体育教师、优秀体育教师，以及北京教育学院体育国培团队培训师，组建一支高水平、专业化、理实相结合的指导教师团队，共计60余人，分别承担6个项目县的田径、体操、足球、篮球、排球、体能教学的理论指导、实操指导、现场指导工作。

（八）展示结果

小学组：30人参加展示，其中一等奖6个，二等奖9个，三等奖15个。

中学组：20人参加展示，其中一等奖4个，二等奖6个，三等奖10个。

荣获一二等奖的教师拟参加2021年度在京举办的教育部—联合国儿童基金会"学校体育与体育教师培训"项目国家级培训者培训与总结表彰大会。

参考文献：

[1] 钟祖荣.《易经》乾卦的过程思想与教师发展阶段理论 [J]. 北京教育学院学报，2011（3）.

[2] 陈雁飞. 中小学教师专业发展标准及指导（体育）[M] 北京：北京师范大学出版社，2012.

[3] 陈雁飞、潘建芬、韩兵. 中小学体育教师培训课程指南 [M] 北京：北京师范大学出版社，2015.

[4] 陈雁飞、周志勇. 中小学专兼职体育教师培训指导手册（上）培训组织管理 [M] 北京：北京教育出版社，2016.

[5] 陈雁飞、周志勇. 中小学专兼职体育教师培训指导手册（下）培训课程指南 [M] 北京：北京教育出版社，2016.

[6] 张庆新、陈雁飞、潘建芬. 中小学体育"研究型"名师培养模式的行动研究 [J]. 体育教学，2019，39（12）:52—54.

[7] 郑良忠. 专业发展视域下小学体育教师职后培训的价值取向 [J]. 当代体育科技，2019，9(01):76+78.

[8] 李健. 体育新教师课堂组织技能培训的思考 [J]. 体育教学，2017，37（06）:53—55.

[9] 潘建芬. 体育教师专业特质类型研究 [J]. 北京教育学院学报（自然科学版），2016，11（03）:14—19.

[10] 陈雁飞、周志勇. 基于诊断视角的体育教师教学能力分层 [J]. 中国学校体育，2016（01）:6—7.

[11] 李健、姜宇航、饶子龙. 激发学生体育学习兴趣的思考 [J]. 中国学校体育，2016（01）:7—9.

[12] 潘建芬、胡峰光、史红亮. 基于"运动技能"目标达成对体育教师教学能力的理解 [J]. 中国学校体育，2016（01）:10—11.

[13] 韩兵、黄春秀、杨帆. 基于"身体健康"目标达成对体育教师教学能力的思考 [J]. 中国学校体育，2016（01）:12—13.

[14] 张庆新、张锋周、韩金明. 心理健康与社会适应从《课标》文本、项目因素到体育课堂的教学路径 [J]. 中国学校体育，2016（01）:14—15.

[15] 潘建芬. 促进体育教师专业成长的关键要素 [J]. 体育教学，2015，35（11）:51—53.

[16] 陈雁飞、潘建芬、韩兵. 论体育教师专业评价的六要素 [J]. 中国学校体育，2014（08）:17—19.

[17] 李健. 体育教师如何开展小课题研究 [J]. 中国学校体育，2014（07）:39—41.